《道德经》译解

无为而无不为　有道则有未来

陈健 

团结出版社

图书在版编目（CIP）数据

《道德经》译解 / 陈健著. －－ 北京：团结出版社，2023. 12

ISBN 978－7－5234－0587－1

Ⅰ. ①道… Ⅱ. ①陈… Ⅲ. ①《道德经》－译文 ②《道德经》－注释 Ⅳ. ①B223. 1

中国国家版本馆 CIP 数据核字（2023）第 208390 号

出　版：团结出版社
（北京市东城区东皇城根南街 84 号　邮编：100006）
电　话：（010）65228880　65244790
网　址：http：//www. tjpress. com
E－mail：65244790@163. com
经　销：全国新华书店
印　刷：北京荣泰印刷有限公司
装　订：北京荣泰印刷有限公司

开　本：142mm × 207mm　32 开
印　张：6. 875
字　数：110 千字
版　次：2024 年 1 月　第 1 版
印　次：2024 年 1 月　第 1 次印刷

ISBN：978－7－5234－0587－1
定　价：58. 00 元

道法自然

前　言

《道德经》也称作《老子》，是中国先秦时期一部重要思想著作，在汉学经典中占有重要位置。在先秦诸子中，《老子》是最早的，以至于其他诸子引用《老子》很多，可见《老子》对诸子百家的影响非常之大。孔子曾说过：“吾今日见老子，其犹龙邪!”《庄子》更加明显，和《老子》一脉相承。鲁迅说：“不读《老子》一书，就不知中国文化，不知人生真谛。”

对于最初接触《道德经》的人来说，也许会有高山仰止、望而却步之感，感觉神圣而可望不可即，其实不然。《道德经》分为《道经》37 章和《德经》44 章，共 81 章，内容非常广泛，除了政治、军事、社会关系等国家层面的内容外，对于生产生活、家庭美德、伦理道德、个人修养，《道德经》均有所阐述，是一座取之不竭、用之不尽的精神宝藏，很多内容也非常接近个人的社会活动。同时，《道德经》众多章句平实易懂，句式整齐，韵律明显，便于诵记，可以作为人生的明灯式读本，读懂了《道德经》，对于指导个人学习工作、生产生活都会有所启迪帮助。

可以说，只要人类存在，老子的思想就会永放光芒，《道德经》的精髓就会作用于社会。她的张力、生命力至今仍然强大充盈，仍处于“弱”的状态（第40章：弱者，道之用），“生”的势头。全社会的各个领域、各个层面、各个方向都可挖掘，至今及以后仍将指导社会实践和治理管理。每个时代都化生出对老子新的理解的意义和思想，需要更深层地解读和运用。

一、关于《道德经》的思想内容

大体来说，《道德经》所阐述的思想内容主要包括：哲学、治理管理、军事以及人生处世等方面。

在哲学方面：老子言论思想均来自对宇宙运行、

自然万物、国家治理、社会生活、个人修养、民生福祉的观察总结，均来自实践，是彻头彻尾的唯物主义。其中，辩证的哲学思维是《道德经》最闪亮的光芒，也是其至今不衰且仍将继续闪烁光芒的主干支撑。其中心主要观点为对立统一，即正反（道学称为阴阳）两方的存在、运动、生长、变化的根本规律，阐述的具体观点有：体—用，道—动（宇宙本体论），阴—阳，无为—有为，柔弱—刚强，等等，这些观点思辨方法成为后世哲学体系的基础，也是中华文化核心源头之一。《道德经》之所以至今仍然具有强劲的张力和穿透力，均在于其正确的哲学观点、科学的思辨逻辑、公认的伦理道德，这是《道德经》的魅力所在，迷人之处。因此，读《道德经》重点在理解掌握其哲学内容（有时不必计较其章句的解释训诂，在于理解其总体本质意义），对于人们的生产生活极具现实的指导意义，也是《道德经》时代价值所在和特征表现。

特别值得一提的是，老子是无神论者。在《道德经》中“道”出现75次，“天（帝）”出现4次，“神”出现8次，“鬼”出现2次，可以明显地看出，老子崇道而逊天帝、神鬼，只认同道为真理，天帝神鬼是唯心主义的存在。在那个时代，有这样正确的科学思维是难能可贵的。老子指出是道创生了宇宙及世界万物，但他从没有把道比作是大仙大神，也指出道从来不主宰世间万物包括人，而且指出道和德是世间万物运动变化交往的根本动力和根本准则。这是《老子》区别其他哲学思想的重要标志。在表述观点的时候，借助有神论来树立无神论。比如在第60章："以道莅天下，其鬼不神。非其鬼不神，其神不伤人；非其神不伤人，圣人亦不伤人。夫两不相伤，故德交归焉!"他打倒了鬼神，塑造了道！他是追求真理的。

在治理管理方面：体量内容比较广泛，有29章均涉及国家治理及管理。《道德经》最重要的是体现"民本"思想，老子从来没有把君民放在对立两方来分析论述，而一直是从国家治理的最佳优化管理来阐述，始终把尊重人民、善待人民放在最高位置，在共81章中，可以说除了道体论，其余绝大部分章均与"民本"思想联系。比如第17章："太上，不知有之，其次，亲之誉之"，指出执政者应该追求的目标和保持的状态。翻开中国王朝更新换代的历史，新王朝的兴起无不验证了老子观点的无比正确。革命者只有与人民群众打成一片，才能带领人民群众推翻腐朽衰败的旧王朝，而革命者与群众是融为一体同甘共苦的，所以人民群众“不知有之”。在第7章中指出“后其身而身先，外其身而身存”，又在第66章说“欲上民，必以言下之；欲先民，必以身后之”。在第49章说“圣人（指有道的君王）常无心，以百姓心为心”，还有很多章，都是指出要把人民放在首要位置，把人民的追求当作工作方向，以“先天下之忧而忧，后天下之乐而乐”的理念来治理，就会达到大同大统的状态。

同时，也从反方面来提醒、告诫、警示甚至是批判执政者，要以人民为上。比如在第26章说“奈何以万乘之主，而以身轻天下。轻则失根，躁则失君。”提醒君王要以人民为重，又在第74章说“民不畏死，奈何以死惧之！”警示执政者要善待人民，又在第53章直接批判：“服文彩，带利剑，厌饮食，财货有余，是为盗夸！”……可以看出，老子的民本思想是老子治理国家方面核心的思想，也是老子《道德经》的闪光之处。

此外，“无为”也是老子国家治理方面的重要观点。他提倡无为而治。这里有必要了解一下老子所处的时代，他当时处在奴隶社会即将衰亡，封建社会开始萌芽的阶段。这个时代必然产生新旧思想认知的碰撞，新旧管理体系的对立，社会阶层的分化动荡，各分封王已经不服从周王室的管理，各自为政，为了各自利益发动战争，伤害人民。老子非常向往上古之治，包括商周王朝建立初期的状态——执政者一心为民，人民“甘其食，美其服，安其居，乐其俗。”君民之间融融泄泄，一切犹如桃花源。而老子所处的时代，这一切都变了。老子认为都是执政者“食税之多、有为、求生之厚（第75章）”以及“贤者（第3章）”的有为引起的。因此，老子提出，执政者应回归到周王朝最初的状态，而不应妄施滥为。这样，就能够理解老子无为而治的理念，而不是要求政府什么都不干什么都不做，恰恰相反，要去做，要收敛自己的欲望，以人民为中心，扎扎实实去做对人民有益的事情。这才是老子“无为”的真实本义。

还有，老子的外交思想至今闪烁光芒。除了军事（战争是政治的延续）上的，在国与国交往上，老子认为应当相互尊重、互相合作，“大国不过欲兼畜人，小国不过欲入事人（第61章）”，这样平等相待。现在看来，仍然具有鲜明的时代特征，具有深远的历史意义，是国际外交的基本秩序基础和行为准则！

此外，老子还提出执政者应该具有“七善（第8章)”、“功遂身退，天之道（第9章)”、“为腹不为目（第12章)”、“虽有荣观，燕处超然（第26章)”、“常善救人、常善救物（第27章)”、“夫唯啬（第59章)”、“美言可以市尊，美行可以加人(第62章)”、“为之于未有，治之于未乱（第64章)”、“言下之、身后之（第66章)”、“受国之垢、受国不祥（第78章)”、“为人己愈有，与人己愈多(第81章)”等具体的国家治理措施和路径。

在军事方面：因为老子有民本思想，所以老子骨子里是反战的，他清楚地知道，战争最终是人民遭罪。所以他在第30章亮出了鲜明的观点：以道佐人主者，不以兵强于天下。然后跟着在后一章就说：夫兵者，不祥之器，物或恶之，故有道者不处。而且还说：战胜，以丧礼处之。在第46章指出：天下有道，却走马以粪；天下无道，戎马生于郊。战争，是老子崇尚的道的反面。在战争面前，民众的一切基本需求和美好向往都会被战争的车轮碾碎。即使老子如此憎恨战争，但对战争也有精妙的论述，在第57章开头说：以正治国，以奇用兵。甚至在第68章、第69章提出了战争哲学以及具体举措。以至于后世也有人把老子列为军事思想家（郭沫若就说：《道德经》是一部政治哲学著作，又是一部兵书）。但终究老子是反战的，我们可以认为其军事思想乃是《道德经》思想主干上生长出的旺盛的绿叶红花，而不是其主体思想本身。

在修身处世方面：《道德经》是和政治密切相关的，说到具体的个人，还要在《道德经》的大框架之下来分析定位。比如对人权的充分尊重，《道德经》里就有一定的表述。个人的修身处世必须在时代和统治的背景下来分析，国家的治理文化也决定着个人修身处世的主导价值。结合老子所处的时代，《道德经》提出修身处世方面的主体思想还要落在“德”上面，“孔德之容，惟道是从（第21章）”。“道”落在人上面，就体现出“德”，“玄德深矣，远矣，与物反矣，然后乃至大顺！ （第65章）”。“德”字在《道德经》共出现44次。这个德，有指君王，也指民众个人。但不管是君王还是民众，作为社会人，都应遵循尊“道”贵“德”。具体来说，在修身上，老子提出："不贵其师，不爱其资，虽智大迷，是谓要妙（第 27 章）"、"去甚、去奢、去泰（第 29 章）"、"知人者智，自知者明（第 33 章）"、"上德不德，是以有德（第 38 章）"、"甚爱必大费，多藏必厚亡（第 44 章）"、"含德之厚，比于赤子（第 55 章）"、"早服谓之重积德……是谓深根固柢，长生久视之道（第 59 章）"、"一曰慈，二曰俭，三曰不敢为天下先（第 67 章）"；在齐家上，老子提出："金玉满堂，莫之能守。富贵而骄，自遗其咎（第 9 章）"、"善建者不拔，善抱者不脱，子孙以祭祀不辍（第 54 章）"；在人际交往上，老子提出："知其雄，守其雌，知其白，守其黑，知其荣，守其辱（第 28 章）"、"天道无亲，常与善人（第 79 章）"、"既以为人己愈有，既以与人己愈多（第 81 章）"众多章句都鲜明提出了为人处世的稽式范式，自古及今乃至今后，都是社会人的行为准则。

二、关于本译的几点说明

一是关于版本。《道德经》版本历来有争议，历史长河中有诸多版本，也给译者读者造成了众多疑问困惑，历来众说纷纭，莫衷一是。目前除了公认的通行本、帛书本、楚简本外，还有口授说、集体创作说、集句说……。其实，结合考古，到目前尚无定论，说某一版本为老子的原版原著。而且，众多版本注解及译文也众出多家，本译基础版本主要参照通行本及帛书本。但同时，本着通俗导引便于社会大众阅读的原则，众多版本均有参考引用，博采众长，采撷历史及今人有定论有出处、正本正译的原文，或可称之为通俗本。旨在解析其本义，方便为社会大众所接受理解。

二是译文。近现代以来，不少译本晦涩难懂，有的曲解本义，有的妄语乱译……时代在发展，社会在进步，老子在不同的时代都折射出亮丽的光芒，需要从不同的角度去观察理解演绎。更重要的还须从本心出发，从理解老子本义及今用角度读之析之，以侧重于当世之治之用（不仅仅是国家治理，各个阶层、各个领域以及个人修身均可吸取营养）。本译以直译和意译相融，有争议之处在解述中注明。本译不做学术上的正本清源，旨在总体理解把握《老子》主要思想和主体内容。不作圭臬，而为黎杖！因此不做注释（因向无达诂），混乱读者，本译只求直达其意。

三是两个专有名词的通释。“圣人”一词在《道德经》中共出现32处。有必要指出的是，老子所说的“圣人”与当今所说的“圣人”是有本质区别的，科举时代一直到现在所说的圣人一般是指中国历史上立言立说的思想家，如孔孟，先秦诸子，当然也包括老子，秦汉以后还有程朱、王阳明等，以至于康有为也有“康圣人”之说。而老子留《道德经》的时候，他所说的圣人固然不是指他自己，他心目中的圣人应该是尧、舜、文王、周公等人。而且，老子的《道德经》是喻世的，有感而发的，直刺时弊，直言时政。所以他希望执政的君王也应像尧、舜、文王、周公（甚至是三皇五帝）他们那样，因此可以推定他在《道德经》里所说的圣人基本上是指圣明有道的君王，有时候也指统治者，所以一律把“圣人”译作“有道的君王”，这样便于理解，几无偏颇。特别是在第66章中的“是以圣人处上而民不重，处前而民不害”等章句均可以看出，圣人分明就是指君王。

描述“道”用第三人称的时候一律用“她”，综合第6章之义，道化生万物，具有母性。同时结合

第20章"而贵食母"，以及第25章"有物混成，先天地生。寂兮寥兮，独立不改，周行而不殆，可以为天下母"，以及第52章"天下有始，以为天下母"。所以用"她"。

这两点，以及第25章、第40章、第42章译解是本译区别于其他译本的显著不同之处。

三、关于阅读建议

有学者研究指出，《道德经》是老子口授，尹喜等人集录存世，其中很多章句近似口语也似乎可以印证。可以遥想老子当时的漫谈方式，说天道地，针砭时弊，指人说事，纵横捭阖，收放自如，可以说是形散而神不散。在古代，《道德经》只在庙堂，不在草野；只是阳春白雪，不是下里巴人。当今中国社会是文明社会，是我们伟大光荣正确的中国共产党领导下的伟大国度，剥削阶级早已被推翻，对《道德经》这样的汉学经典我们可以深入研究，大力弘扬。党的二十大明确指出：要传承中华优秀传统文化。本着喻世明理、齐家修身的角度，社会各阶层都可以从《道德经》中汲取营养。

同时，读懂老子，也需要稍微了解一下老子所处的时代和创作背景，这是很重要的。因为有众多章句是影射当时的政局和社会现象的。如第 3 章、第 5 章、第 53 章、第 72 章、第 74 章、第 75 章……尤其明显；除此而外，读者最好力求从哲学角度分析理解，而不要拘泥纠缠于字词的注释，更重要的是要理解掌握其核心主旨、总体思想，便于指导自己的学习工作，生产生活。

建议读者至少读三遍，第一遍通读，概略要义，知其大貌；第二遍精读，逐句领会，细细推敲；第三遍心读，代入阅读，直达本意，掌握核心。当然，最佳还是多次研读，反复研读，多读一次理解多进一层，多读一次升华更上一层，直至与老子相通对话。

目　录

第1章

道可道，非常道；名可名，非常名。无，名天地之始，有，名万物之母。故常无欲，以观其妙；常有欲，以观其徼。此两者同出而异名，同谓之玄。玄之又玄，众妙之门。

【译文】道，是可以探究明了的，但也不是一般世间道路之道；名，是可以形容描述的，但也不是一般世间万物名称之名。宇宙天地从虚空混沌中发展而来，自然万物从天地运动中发展而来。所以用无我的智慧，可以观察宇宙运行的玄妙之理；用有我的体感（眼耳鼻舌身意），可以观察世间万物的运动规律。这两个方面都源自道，都是如此玄妙深奥。在这玄妙深奥的内涵之中，蕴含着宇宙天地自然万物运动发展的总源头、总动力、总概括、总关系、总规律、总相貌……（那就是道）

【解述】 本章抽象性地描述“道”，开门见山给人以“道”的总体感觉，对世界的总体认识：似有似无，也打开了《道德经》的大门，有无的对立统一将贯穿始终。《道德经》中的“道”共出现了75次，对原始“道”的存在状态、道的运动变化及功能作了不同层面的描述，概括起来有四层含义：一是宇宙自然本体之道；二是万物运动变化规律之道；三是治理管理之道；四是为人处世社会关系之道。

本译对“玄”没有直译，因为这个字不能用语言文字来准确描述，故意译。魏晋时期形成的“玄”学与本章的“玄”不是同一含义。本章中的“玄”囊括了有无，概括了世界，魏晋时期的“玄”指一种学术流派、一种存世方式。但其“玄”源自本章之“玄”是毫无疑问的（参见王弼《老子微旨例略》）。辨别“玄”有助于对道的深层次理解，也不至于陷入神秘、迷信、玄幻的窠臼。

本章断句历来存在众多不同和争议，本译从把握《道德经》整体核心要义出发，作如上断句。

本章与第14章、第15章、第25章、第40章、第42章、第52章等章呼应。

第2章

天下皆知美之为美，斯恶已；皆知善之为善，斯不善已。故有无相生，难易相成，长短相形，高下相盈，音声相和，前后相随。是以圣人处无为之事，行不言之教，万物作焉而不辞，生而不有，为而不恃，功成而弗居。夫唯弗居，是以不去。

【译文】天下人都知道美是建立在丑的基础上的，都知道善是建立在恶的基础上的（他们是对立的，共存的，这一段话亦可以互文来理解：美丑、善恶都存在人们的意念之中，如果确定一方，那么就会朝另一方发展转变了）。大道从来都是正反两方面辩证统一的，有和无、难和易相互转化而发展，长和短、高和下相互比较而体现，无声和有声相互映衬和合而动听，前面和后面相互联为一体。所以有道的君王一定会遵循大道顺势而为，不会强施滥政，强作妄为，抚育天下万物民众生长而从来不辞辛苦，有成果也不占为己有（永远把持），大功告成不居功自傲。也只有这样不夸大炫耀自己功绩的君王，人民才永远不会忘记他（永载史册）。

【解述】本章开头两句可视为互文，直译不顺畅，其所表达的意思还是物极必反之理。同时也可以体会出中国古典文学是高度凝练概括的，《道德经》也是如此。正像朱元璋所说“文浅而意奥”，有些章句一看自明，一说便知。但用现在的语句加以解释却嫌啰嗦。比如本章中的“有无相生”可以有多种语句来诠释，并无定式，但其核心要义却均不如原文凝练到位。这一点广大读者可在以后各章中予以体会，有时候不必咬文嚼字，追求一个字一个词的准确注释，更重要的是领会掌握老子本意。

另外需要指出的是最后两句“是以圣人处无为之事，行不言之教，万物作焉而不辞，生而不有，为而不恃，功成而弗居。夫唯弗居，是以不去”已经成为伟大人格的精神标志，为历来所推崇。这也出乎老子自己的意料吧！

本章与第 8 章、第 11 章、第 34 章等章呼应。

第3章

不尚贤，使民不争；不贵难得之货，使民不为盗；不见可欲，使民心不乱。是以圣人之治，虚其心，实其腹；弱其志，强其骨。常使民无知无欲，使夫智者不敢为也。为无为，则无不治。

【译文】（执政治国）不崇尚贤能之士，这样能够让民众不去争夺其名位（其本意指有些不良之士装作贤能之人，迷惑君王而被重用贻害天下）；不看重金银珠宝等难得的货物，这样民众就不会去行窃盗偷；收敛自己的欲望喜好，这样民众就不会效仿作乱（自古上有所好，下必甚焉）。所以有道的君王治理国家，一定是让民众安居乐业，有饭吃有房住，让他们感到满足，保持身体的健康，从而使天下民众保持质朴无欲无求（不会对政府不满而犯上作乱），那些自以为聪明的人也不敢轻举妄动了（因为那样他就不能迷惑民众，就没有民众的支持）。保持与大道自然一致的朴厚无为状态，则天下太平，繁荣发展。

【解述】不尚贤（众多译家以“贤”为财宝），最初在中国的春秋战国时期得到体现，所谓“春秋无义战”以来的“春秋五霸”、“战国七雄”以及“战国四公子”都是贤能，而去侵略占领别国，一片混战。之后还有八王之乱，五代十国，以至于民国时期军阀混战都很好地印证了老子的远见卓识。

在欧洲，这一民本思想更加得到反证，各个王、各个骑士、各个教派互相争斗、侵略、排挤、倾轧，杀过来杀过去（比如西西里曾被各种族群统治过：腓尼基人、希腊人、迦太基人、罗马人、阿拉伯人、诺曼人、意大利人、德国人、蒙古人……）而最终受害者是人民。这里可以充分体现出老子的无为思想是民本思想，这是高尚的道家治理思想。

所以，正确地理解本章对于体悟老子的民本思想是非常重要的，仅仅从字面意义而不探究其深意是远远不够的。

本章与第 8 章、第 26 章、第 37 章、第 63 章、第 80 章等章呼应。

第4章

道冲而用之或不盈，渊兮似万物之宗。湛兮似或存。吾不知谁之子，象帝之先。

【译文】大道就好像一个博大的容器，虽然虚空却是用之不尽，她的广大深远化生出了宇宙天地自然万物，虚空却又真实存在。我不知道她是从什么时候就有了，但她一定是在天地神明产生之前就存在了。

【解述】这里老子第一次鲜明地亮出了无神论观点，他以哲学思维的剖析，借以社会共认的天帝神明存在而说明道是“象帝之先”，也就是变相地阐述了事物的存在发展有其内在的自然的必然的关系规律，而不是受什么神明来控制。

本章与第1章、第14章、第15章、第39章、第40章、第42章等章呼应。

第5章

天地不仁，以万物为刍狗；圣人不仁，以百姓为刍狗。天地之间，其犹橐籥乎？虚而不屈，动而愈出。多言数穷，不如守中。

【译文】 天地（指天帝神明）不仁慈（降灾乱为），世间万物将会遭受灾害（洪水、陨石、地震等自然灾害发生），君王不仁慈（荒淫乱政），天下将会生灵涂炭，百姓会成为祭祀品（商周时期，把奴隶俘虏、底层人民献祭是很普遍的）。（辽阔远望），天地之间，就好像一个大风箱，一推一拉，一来一去，万物生灵在其中不能左右自己，听任天地君王的安排。说再多的话闻听再多的事都没有穷尽的时候，还不如守藏好中空虚静的大道。

【解述】 本章多家译作老子对道的描述，但似乎牵强，失去其本义。结合商周时期的历史社会现实，本章当是老子对时局抒发内心的不满，愤懑而又无奈（从另一面看出老子怀有强烈的民本思想），当然也是对道的一种理解。本章译解众说纷纭，本译不做纠缠，直抒胸臆，直通本心。

对本章前两句一般译为天地及圣人没有偏废偏爱之心，对待世间万物及人类一视同仁，无私无爱。这一点本译不赞同。《道德经》第67章说：夫慈，以守则固，以战则胜。天将建之，以慈卫之；又在第79章说：天地无亲，常与善人。都明确地指出了道是慈，是善，是爱。何来说不仁？圣人不但有仁，而且非常仁，“为而不害，利而不争（第81章）”。有鉴于此，本译从社会治理角度，结合老子民本主旨，提出新的译文，便于帮助读者分析理解。

本章最后一句：不如守中，是需要深入理解的。中华文化有16字心诀：人心惟危，道心惟微，惟精惟一，允执厥中。本章的守中指大道，而厥中指人道，但表达方式及逻辑思维是一致的，可以互相参照理解。

很多人认为老子的思想是消沉的、避世的，甚至是阴暗的，似乎文中有很多词句印证了这样的说法，比如“无为、不争、柔弱、清静”等，还有本章的“不如守中”。但多为人曲解，比如无为不是不作为，而是少欲望，甚至没有自己的私欲，相对有为是强作妄为，特别是指统治者（这一点在后面各章详做分析）。“不如守中”，不是指守在那里一动不动，而是内敛，守住心中的信仰，不忘初心，守住大道。

本章与第19章、第38章、第75章、第79章、第81章呼应。

第6章

谷神不死，是谓玄牝。玄牝之门，是谓天地根。绵绵若存，用之不勤。

【译文】就像充盈的空谷之神（一样的大道）是不会消亡停歇的，犹如母性（雌性）的运化。母性的产道，可以化生出天地万物生灵（当然包括人类），与天地同根长存。源源不断地孕育生长，永远不会穷尽。

【解述】这是对道的形象比喻描述，也是形而上学，科学归纳推而广之。圣贤区别凡人就在于他会由表及里，从普遍现象总结出一般规律，从而又反过来指导实践。

结合本章及第20章、第25章、第52章等章，故本译把“道”作第三人称的时候为“她”。

本章与第52章映衬。

第7章

天长地久。天地所以能长且久者，以其不自生，故能长生。是以圣人后其身而身先，外其身而身存。非以其无私邪！故能成其私。

【译文】天地是长久存在的，天地之所以能够长久地存在，是因为她们从不因为自身的存在然后去追求满足自己的私欲，所以能够长久地存在。因此，有道的君王先天下之忧而忧，后天下之乐而乐，把自己时时处在人民的后面（以人民为重，以人民为中心），而这样恰恰赢得了人民的拥护和尊重。有道的君王不会去追求财富荣誉光环，但正因为这样，他的人民以及后人都牢牢地记住了他，永远爱戴怀念他。

【解述】这一章对统治者来说是邦域治理的总则及基本要求。统治者由于机会便利而易于抢先占有，而老子直接指出要为人民谋利益而不是去抢占侵害，为他们服务而不争功摆好，所谓“财散则民聚”，这样就会得到人民的拥护。

本章古本有理解为养生致长生的玄奥说法，故被后人认为有宗教迷信之嫌。老子说《道德经》，人间尚无教派，老子更不是教主，他的言语自然不是在迷惑诱导世人，因此我们要为老子正名。本译摘除华盖，现其原貌，透过现象，观其本质，是老子在论述道的运用及功用，根本与宗教无关。

本章与第 17 章、第 34 章、第 35 章、第 36 章、第 66 章、第 81 章呼应。

第8章

上善若水。水善利万物而不争，处众人之所恶，故几于道。居善地，心善渊，与善仁，言善信，正善治，事善能，动善时。夫唯不争，故无尤。

【译文】最高境界的善德就像水一样！水一贯利益万物而从来不去争夺什么（永远流向最低处），处在众人都厌恶的地方，正因为这样，水的特性接近于大道。居住德善之地，心地永远善良，保持仁爱之心，诚实守信，执政有方，身怀绝技，并且能够顺应天时，遵循大道而作为。也正因为（遵循大道）从不去争夺什么，所以就不会有怨恨灾祸发生。

【解述】本章以水的特性来描述道的性状，进一步喻示统治者也应该遵循大道，从善如流，为善如水，为而不争！对于这七善，也应当成为世人追求的完满人格。

本章与第78章相映衬。

第9章

持而盈之，不如其已。揣而锐之，不可长保。金玉满堂，莫之能守。富贵而骄，自遗其咎。功遂身退，天之道。

【译文】（就像端一碗水）时刻保持充盈的状态，是不可能的，还不如就停下来；反复锤炼出锋利的刀刃，也是不可能长久保持的；金玉满堂，也是不可能长时间拥有的；拥有富贵却骄横自满，是给自己留下灾祸的隐患。只有那些做了对人民和社会有益的事情（而又恬静淡泊），收敛自身，这才是符合天理自然之道的。

【解述】日中则移，月盈则亏，水满则溢，都指明了一个哲学道理——物极必反。这也是老子的主要辩证法之一。人是有七情六欲的，在名利富贵面前能保持清醒头脑是很难的，而没有节制地追求欲望的满足，必将乐极生悲，给自身埋下衰败灭亡的种子。而只有取得事业的成功之后而不膨胀，适可而止，收敛自己，摒除欲望，才符合大道。

本章与第 22 章、第 36 章呼应。

第 10 章

载营魄抱一，能无离乎？专气致柔，能婴儿乎？涤除玄览，能无疵乎？爱民治国，能无为乎？天门开阖，能为雌乎？明白四达，能无知乎？

【译文】人的魂魄是合抱为一的，难道是可以分离的吗？人抟练精气益于身体，难道可以像婴儿那样吗？洗涤内心观照自身，难道没有一点瑕疵吗？热爱人民治理国家，能够无为而治吗？人体的各个器官，能够停下来吗？通达明理看透一切，而又能够大智若愚吗？

【解述】本章版本、释义各家不一，历来杂糅，众说纷纭。本译采用修身治国之义，亦与第 54 章呼应。（《道藏·服气精义论》里说：摄生之子，可不专气致柔乎？北宋苏辙还以养生主题对本章做了专门注解）

第 11 章

三十辐共一毂，当其无，有车之用；埏埴以为器，当其无，有器之用；凿户牖以为室，当其无，有室之用。故有之以为利，无之以为用。

【译文】 三十条辐共同组成一个轮子（这是“有”），中间有许多间隔空间（这是“无”），这样的“有无”构成了车轮的用途；抟揉粘土制作器皿（这是“有”），中间是空的（这是“无”），这样的“有无”构成了器物的用途；四周起墙凿窗造房屋（这是“有”），中间是空的（这是“无”），这样的“有无”构成了房屋的用途。推而广之，实形的“有”是框架托起，虚空的“无”恰是其真正的用途和价值所在。

【解述】 在生活中观察体悟大道，这是老子的惯用思维，现今称之为科学归纳法。本章很好地映衬了第 1 章“同出而异名”及第 2 章有无相生之说，相互依存，相辅相成，对立而统一。在《易》学中有体用之说之理，如先天八卦为体，后天八卦为用。本章亦是如此，有之以为体，无之以为用。

第 12 章

五色令人目盲，五音令人耳聋，五味令人口爽，驰骋畋猎令人心发狂，难得之货令人行妨。是以圣人为腹不为目，故去彼取此。

【译文】 五彩缤纷的颜色反而会令人眼失明，动听和合的声音反而会令人耳失聪，珍馐佳肴反而会令人口舌脾胃损伤，放纵自己去田野狩猎会令人疯狂失去理智，那些稀有的财货宝物会令人走不动路起贪念之心。所以有道的君王仅仅是满足身体基本需求就行了（引申为：追求人民享乐，而收敛君王自己的欲望），非常清楚自己应该追求什么摒弃什么。

【解述】 本章明确指出了欲望过盛的不良后果，深刻提醒世人，特别是统治者要收敛欲望，不要玩物丧志，不要纵欲贪财，只求满足基本生存需要就可以了，而不能放纵自己。佛学中有六根“眼耳鼻舌身意”之说，断除了六根清静，可达圣境成佛。在这里，佛学与道学是相通相似的，但相比之下，佛学是追求本人的解脱，而道学更近于人世间，指导服务社会大众。特别是对统治者提出要少私寡欲，最大限度地改造自身，服务人民，因此更有实践意义。

这一章对于当世之人也是警醒，提醒人们不应过度追求声色犬马，物质享受，这是心灵空虚的表现。要去浮躁静下心来去探求人生、生活的根本意义。

本章与第 35 章、第 53 章映衬。

第 13 章

宠辱若惊，贵大患若身。何谓宠辱若惊？宠为下，得之若惊，失之若惊，是谓宠辱若惊。何谓贵大患若身？吾所以有大患者，为吾有身，及吾无身，吾有何患！故贵以身为天下，若可寄天下；爱以身为天下，若可托天下。

【译文】得到宠幸或者遭受贬辱就会感到惊喜或者惊慌，十分看重在意就如大病在身。为什么会这样呢？得到宠幸会惊喜，失去会惊慌，这都不是正确的态度。自己之所以有大病在身，是因为有寄托病患的躯体，如果无私无欲到连自己身体都感觉不到了，那哪儿有病患的生存之所呢？（推而广之），把天下人民看作比自己身体尊贵的人，是可以依靠依赖的，无私无欲为人民做事亲力亲为的人，是值得把天下托付给他的。

【解述】司马光说：“为士者以道德为上，爵禄为下。”照此一说，上下立判，重视什么，追求什么，什么为主，什么为次？显而易见，因此对宠辱就应当正确区分，正确对待。每个人的一生都不会一帆风顺，每个人都会有灰色回忆，但每个人也都会有幸福喜悦成功的时刻，怎样正确对待这样的时刻，老子这里给出了鲜明答案，就如范仲淹所说“不以物喜，不以己悲”“先天下之忧而忧，后天下之乐而乐”，为人治国都是如此。

本章与第26章、第28章呼应。

第 14 章

视之不见名曰夷，听之不闻名曰希，搏之不得名曰微。此三者不可致诘，故混而为一。其上不皦，其下不昧。绳绳不可名，复归于无物，是谓无状之状，无物之象，是谓惚恍。迎之不见其首，随之不见其后。执古之道，以御今之有，能知古始，是谓道纪。

【译文】眼睛看不到叫作“夷”，耳朵听不到叫作“希”，手抓不到叫作“微”，这三类现象不可深究，只能意会，综合在一起构成了道的大致样貌。道，往上看也不是十分明亮，往下看也不是十分晦暗，渺茫不可形容，似乎什么都没有，这就是没有形状的形状，空无一物的意象，叫作惚恍，迷迷茫茫。去迎接她却看不到头，跟在她后面却不见她的尾。按照自古就有的道，就能够分析看清现在的宇宙自然、世间万物，也能够推及上古的状态。这就是道的纲要核心。

【解述】如果老子也作画的话，那么他一定是抽象派的，想要读懂他的画，也得颇费脑筋。而且只可意会，不可形传，似乎就是空的，就是一张白纸，而这却就是道——实存之道，无处不在，无时不有，无物不存。

本章及第 15 章、第 16 章、第 32 章、第 37 章、第 39 章等章，均为描述道体。

第15章

古之善为士者，微妙玄通，深不可识。夫唯不可识，故强为之容：豫兮若冬涉川，犹兮若畏四邻，俨兮其若客，涣兮若冰之将释，敦兮其若朴，旷兮其若谷，混兮其若浊。孰能浊以静之徐清？孰能安以动之徐生？保此道者，不欲盈，夫唯不盈，故能蔽而新成。

【译文】 古时善于行道的人，他的思想玄奥却又通达，不可探究其义理。也正是因为这样，勉强来形容他一下：犹豫谦恭，好像在冬天的冰面小心翼翼地行走，又好像做任何事怕惊扰四邻而心生愧疚；随时恭敬谦虚就像做客，但又能感受到他春天般的温暖可以消融寒冰；敦厚善良就像未雕琢的璞石，心胸旷达就像充盈的空谷，混而为一无所不含似乎浑浊一体。谁能在这浑浊一体中保持清静无欲而达到上清之境，谁又能长久地如如不动而又保持缓慢地生长发展？保持这样大道的人是不会追求极端欲望的，更不会追求财富名利来满足各种欲望的，也只有这样，才能革故鼎新，推动事物不断向前发展（得到成功）。

【解述】本章对应第9章“持而盈之，不如其已”。在本章中老子以拟人化的手法来具体描述道的特征，与第1章抽象的描述相比，这一章内容更能让人切身体会感知到“道”，也是上一章的递进，第14章描述为无，本章描述为有，不但有而且展现出她强大的效用。

本章体现出老子描述道的高超文学手法，一是素材信手拈来，而且就在身边，每个人都可感可知；二是手法平铺直叙，娓娓道来，就如长者对幼童讲学，平实、直白，而又深入内心。

注：本章描述的虽然是道，但以具体的人来描述道，所以用“他”指代而不是用“她”。

第16章

致虚极，守静笃，万物并作，吾以观复。夫物芸芸，各复归其根。归根曰静，是谓复命。复命曰常，知常曰明，不知常，妄作凶。知常容，容乃公，公乃全，全乃天，天乃道，道乃久，没身不殆。

【译文】向着空明虚无的极致，坚守清静无欲的纯朴，（用慧眼观照世间）：自然万物都在生长运动发展，我得以观察他们一次又一次地生长轮回。世间万物繁茂呈现，生长到最后都静静地回归到他们的出处来处。在他们的出处来处叫寂静，蕴含生命的又一次生发。这样的轮回就是世间运动的规律，知晓明白这样的规律就是明智理性的，相反地，不知晓而背道而驰，胡作非为，那一定会招致灾祸（自取灭亡）。（要知道）大道包罗世间万象，她是最公平无私的，她能够公平无私地对待每一个人每一件事，做到这样的状态他就能够得到天下成为君王，君王就是人民的天，人民的最终依靠，君王一定要遵循大道规律来治理天下，就

会有太平盛世长久存在，而且终身都不会招致灾祸。

【解述】 本章是《道德经》中很重要的一章，是老子通过观察自然返归的现象，而得出道的“反”——“返”的特性。指示人们应遵道守道——致虚极，守静笃。也是接上一章的静，进行具体阐述。

有多家译本“全”为“王”。

第17章

太上，不知有之；其次，亲而誉之；其次，畏之；其次，侮之。信不足焉，有不信焉。悠兮，其贵言。功成事遂，百姓皆谓我自然。

【译文】治理国家最好的状态，是下面老百姓不知道君王政府的存在（有德有道的君王领导，会和自己的百姓同心同德，同甘共苦，百姓就感觉他是自己的家人亲人，并不是什么领导君王），安居乐业，恬淡生活；其次，是老百姓对贤明的君王清明的政府非常满意，非常愿意亲近并且赞誉有加；再次，就是强权政治，各种法律颁布，刑罚施行，老百姓是心存畏惧的；最下一个等次，是腐败政权，横征暴敛，不得民心，成为老百姓贬低诋毁要推翻的政权。正因为他们自己没有道德，没有诚信，也就得不到老百姓的信任支持。真正有道的君王顺其自然，不会轻易发号施令颁布法律，而让人民自治自化。把国家治理得繁荣强大，老百姓安享太平，觉得这自然而然，理应如此。

【解述】 本章指出了国家治理的四种境界，或者说人民群众对统治者的四种态度。显然，一眼就能够看出，老子崇尚的是第一种治理境界，不知有之。

“信不足焉，有不信焉”的注解，在中国历史上与“烽火戏诸侯”以及“狼来了”的典故最为切合，老子深刻地告诫人们重视诚信的重要性，要“贵其言”，不然“轻诺必寡信，多易必多难（第63章）”。

本章与第7章、第9章、第34章、第35章、第36章、第63章、第66章、第81章等众多章呼应。

第18章

大道废，有仁义；智慧出，有大伪；六亲不和，有孝慈；国家昏乱，有忠臣。

【译文】（所有人都遵循大道，相互仁爱，显现不出仁义来）。一旦大道废弛，仁义之心之举就会显得无比珍贵；每个人特别是君王只有自身具有理性智慧，才能辨别那些伪善的人和事；（和睦的家庭父慈子孝，兄友弟恭，夫妇相敬），而家庭一旦不和睦，就会凸显谁是孝慈之人；如果面临侵略、国家混乱的时候，才能显现出谁是忠良之臣！

【解述】本章另一层重要的意思是指有些人和事，只有在特定的环境下，才会显现出来，所谓“路遥知马力，事变见人心”，这是辩证法，这是方法论。

《道德经》的一大语言特色就是平白朴实，句式整齐，琅琅上口，一看便懂，一听即知，过目不忘。本章就是这样，几乎用不着翻译而意思明显。

第19章

绝智弃辩，民利百倍；绝伪弃诈，民复孝慈；绝巧弃利，盗贼无有。此三者，以为文，不足，故令有所属，见素抱朴，少私寡欲，绝学无忧。

【译文】应该杜绝那种自作聪明导致荒唐施政的现象，这样人民就会得到百倍的好处；丢弃伪善奸诈，老百姓就会心地善良父慈子孝；断绝机巧和追逐利益，那样就连偷盗者也没有了（有清明的政府就会有清朗的社会）。这三点，仅仅是形成文字装饰，还是远远不够的，必须要强调叮嘱：执政者应该保持朴素的情怀，减少自己的私欲，勤奋地去修学大道的至高境界，让自己的人民、自己的国家和自身没有忧虑忧患。

【解述】在《道德经》中有相当的章句是关于治理管理主题的，有的反复论述，有的相互映衬，有的直抒胸臆，有的甚至责骂。本章也是一例，提醒执政者应少私寡欲，不断进学，优化治理。

本章开头及结尾“绝学无忧”众多学者解释不同，有的甚至认为与儒家对立，本译不做纠缠，从贯通文意、总体论道的角度分析入手，这样译解浅显明白，易于理解。需要指出的是，本章最后说的“学”与第48章之“学”是不同的。

第20章

唯之与阿，相去几何？善之与恶，相去若何？人之所畏，不可不畏。荒兮，其未央哉！众人熙熙，如享太牢，如春登台。我独泊兮，其未兆，如婴儿之未孩。儽儽兮，若无所归。众人皆有余，而我独若遗。我愚人之心也哉！沌沌兮！俗人昭昭，我独昏昏；俗人察察，我独闷闷。澹兮其若海，飂兮若无止。众人皆有以，而我独顽且鄙。我独异于人，而贵食母。

【译文】恭敬与附和，其本质相差有多远？善良与丑恶，又会严格区别到怎么样呢？（实际上都是一念之差）。但人们都畏惧的，就不能不害怕顾虑。精神家园的荒芜一眼望不到边，众人热闹快乐，就好像在享受盛宴，好像春天里在亭台楼榭欢乐。而我却独自淡泊宁静毫无欣喜，就像一个还不会笑的纯真婴儿一样，辗转失落无所依靠无家可归。众人都有众多的追求欲望，而只有我像被遗弃丢失了一样。我就像一个心智

愚痴的人啊，浑浑噩噩。世俗之人都好似聪慧，而我却昏昧不懂世事，世俗之人都似明了一切，而我却什么都不知道。就好像那晃荡不安的大海一样，又像长风吹过飘拂不定没有止境。世俗之人都自以为是，而我独愚顽鄙下。这就是我和他们的不同之处，我追求遵循大道的生活。

【解述】老子认为，善恶、美丑、贵贱等都是相对的，而人的价值判断往往跟着自己的感觉走，甚而存于一念之差，相去几何？所以他说如海晃荡，如风飘荡，但他又最终指出还是要有独立的人格，要遵循大道精神。

通过本章的描述，很容易让人想到了屈原。他说：举世皆浊而我独清，众人皆醉而我独醒（《史记·屈原列传》）。屈原说的是正确的治国之道不被理解，老子说的是人间大道也不易被人理解（第 70 章：天下莫能知，莫能行）。

本章与第 70 章映衬。

第21章

孔德之容，惟道是从。道之为物，惟恍惟惚。惚兮恍兮，其中有象；恍兮惚兮，其中有物。窈兮冥兮，其中有精；其精甚真，其中有信。自古及今，其名不去，以阅众甫。吾何以知众甫之状哉？以此。

【译文】大德的内容和状态，只是紧随大道。道表现出来的状态，似有似无。在这似有似无之中，你又能够感觉到她的具象，感觉到她的实存，她是那样的幽深，但又是极富生命力的，这些都是真实的，可以验证的。从古至今，大道一直存在，可以返照万物发展的初始状态。我为什么知道万物初始的运动发展状态和规律呢？都是根据这大道啊！

【解述】在本章，第一次提及了德。德，是紧随道其后的。道是无形的，而德是道的表现形式，是事物的属性，是可以感知的。同时也说明了道和德的关系，道为体，德为用。

本章与第4章、第14章映衬。

第 22 章

曲则全，枉则直，洼则盈，敝则新，少则得，多则惑。是以圣人抱一，为天下式。不自见故明，不自是故彰，不自伐故有功，不自矜故长。夫唯不争，故天下莫能与之争。古之所谓曲则全者，岂虚言哉！诚全而归之。

【译文】忍受委曲（屈）却能保全自己，屈从别人却能够成就自己，低洼处才能盛满水，破旧才能衬托新（亦可理解为革故鼎新，破除旧状态，建立新世界），内心少私寡欲却能得到更多精神财富，追求更多物质财富只能使自己迷惑不安。所以有道的君王会坚守道，为治国治人的标准：胸怀道却不自我表现，这样才是高明之人，不自以为是却能得到人民的赞扬肯定，居功至伟从不炫耀却能得到天下人民的认可，从不矜持骄傲却能够长久太平。只有从不争取抢夺，天下谁也不能和他竞争，古人所说的“曲则全”这样的格言，不是空话虚言，一定要牢记于心认真践行。

【解述】 本章先摆理论，从事物的对立转化，或者说洞察事物的表面现象，来探究掌握其实质精神和根本规律，然后引出执政统治（治理管理）的具体实践，应该怎么样正确对待，由表及里，排比对仗，层层递进，极具言辞的说服力和逻辑的必然性。

本章与第 7 章、第 66 章呼应。

第23章

希言自然。故飘风不终朝，骤雨不终日。孰为此者？天地。天地尚不能久，而况于人乎？故从事于道者，同于道；德者，同于德；失者，同于失。同于德者，道亦德之；同于失者，道亦失之。信不足焉，有不信焉。

【译文】对大自然要有敬畏之心，不能妄言不能多说，只能适应顺从。自然界狂风不会刮整个早上，暴雨不可能下一整天。是谁令他们这样的呢？是天地，天地还不能做到经久不息，何况人呢？所以勤修大道的人就会合乎道，安守高尚品德的人就会合乎德，而过度欲望的人（失道之人）也会被道抛弃丢失；安守高尚品德的人，大道也会非常乐意接纳这样有德的人，过度欲望的失道之人，大道自然只会抛弃丢失他。

【解述】本章第二次出现了“德”字，并进一步阐述。《管子·心术上》说：德者，道之舍，物得以生，生知得以职道之精。故德者得也。综观《道德经》，

“道”共出现75次，“德”共出现44处。道与德之间的关系是道为体，德为用；用于人，则是德为体，言行为用，是社会交往社会关系的基本准则，但归结是道的体现。

比兴是古代文学常用的修辞手法，《诗经》中表现尤多。言甲而指乙，说丙而对丁（指桑骂槐也是此类）。本章开头言自然，而后指政治，故本处自然是为了引出后面的观点。众多译本把“言”译成法令，本章意译为法令与政治的关系。本译认为道篇部分如没有明确指向（如第17章、第18章皆有明确指向）的，均与不政治联系，回归其本义。

信不足焉，有不信焉。是与第17章错简，故不译。

第 24 章

企者不立，跨者不行。自见者不明，自是者不彰，自伐者无功，自矜者不长。其在道也，曰余食赘形。物或恶之，故有道者不处。

【译文】 踮着脚是不能站立长久的，跨大步的人是跑不远的。自我表现固执己见的人是不明事理的，自以为是刚愎自用的人是得不到认可的，矜持骄傲自我夸耀的人是不可能长久保持的。这是基本的道理，就如过度贪吃多余的食物就会导致身生赘瘤，令人厌恶，所以有道之人不会这样做。

【解述】 本章言简意赅，意涵明了。与第 12 章、第 22 章、第 26 章呼应。

第 25 章

有物混成，先天地生。寂兮寥兮，独立而不改，周行而不殆，可以为天下母。吾不知其名，字之曰道，强为之名曰大。大曰逝，逝曰远，远曰反。故道大，天大，地大，人亦大。域中有四大，而人居其一焉。人法地地法天天法道道法自然。

【译文】道在混沌之初就形成了，先于天地而生。于无声处，一直静静地独立存在，她周而复始地运行而永不停止，可以称得上是天下万物的母亲了。我不知道她准确的名字是什么，姑且给她起一个名字叫道，勉强来形容她称之为大。大到无边无际无处不在，而又不断在运动发展，覆盖包含宇宙万物，发展到最后又会循环往复。所以道运化产生的天、地、人也都可以称得上与道一样大（一粒一世界）。所有维度的存在中，有四大，人占其中之一。他们的关系是人效法大地万物而繁衍生息，大地效法上天衍化而存在，上天效法大道规律而运动，而大道却又反过来效法自然万

物的生长发展运动规律而体现。

【解述】 本译最后一段没有断句，通行的是：人法地，地法天，天法道，道法自然。但也可断成：人，法地地，法天天，法道道，法自然（查唐朝李约即如此断句）。可解读为：人类，应该像大地那样厚德载物而生长发展，应该像上天一样自强不息而保持久远，应该像大道那样无欲无为而长久存在，最后还应像自然那样顺应天理而又周而复始（对应第16章）。

本译倾向于后一断句解读。历观《道德经》对道有多重含义，而“道”应理解为犹如金字塔的塔尖最高层，统领诸下（任继愈先生说：这“四大”中，“道”是最高的，其他都是“道”产生出来的）。所以按照逻辑思维，原文顺序似有问题，似应天法自然，自然法道，这样的句读显然不能立。我们更加不能妄语老子疏忽说错了，只能说是我们这些后世子孙不懂其原意，理解错了，尤其在句读上发生了偏移。因此，断成：人，法地地，法天天，法道道，法自然。合乎逻辑，也能解释得通，或为一种新的解析参考（高亨先生认为，地、天、道三字传抄误重，应是“人法地，法天，法道，法自然。”也是一说）。“道法自然”独立出现没有问题，问题就出在有上下文，就应有文理，有逻辑关系，自今及古，研究《道德经》本义，都是如此，所以此处存误。

本章对应21章，相应第4章、第14章，道之为物，进一步阐述。人亦大，有译本为王亦大，亦顺亦通亦可。世人皆说，世上本没有路，走的人多了，也就成了路，另有三人成杀之说。有时候并不是大家都这样说，就成为真理了。以此类解道法自然，有失公允，应秉承达理明义理念直追其本来面目。

另外，本章也体现了老子“逆天”思想，这在那时候是逆天的革命的创新的，具有惟道不惟天的勇气果敢。中国几千年历史（即使老子以前年代）是天（实际上就是指统治者）在统治管理天下，皇帝自称是天子，是上天委派他下凡来治理国家，统治人民。而老子提出天还不是最大，天上还有道，而且他所说的道不是神，是真理，是规律，是法则。这在当时是非常超前难能可贵的，也与后世之人的正确辩证思维——唯物主义一致。老子伟大！

第 26 章

重为轻根，静为躁君。是以圣人终日行不离辎重。虽有荣观，燕处超然，奈何万乘之主，而以身轻天下？轻则失根，躁则失君。

【译文】（治理国家，民为重，君为轻。君王虽处高位但他的根本在人民，治理天下首推稳定安静，必须摒除浮躁滥政）厚重是轻率的本源，镇静是躁动的主宰。所以君王日常治理天下，都不应忘掉其根本所在。虽在华丽的皇宫殿堂里工作生活，但从不迷恋，超然处之。但有些大国的君王，不重民本，贪逸享受，轻举妄为，滥施苛政，轻易地失去了其人民这一根本依靠，人民也不再拥护他为主宰国君。

【解述】 虽然老子对任何事物正反两面的存在都有清醒认识，但在国家治理方面，还是有明显的指向性的，偏向性的。那就是偏重、偏静。这一章老子鲜明地亮出了观点：国君应提高自身修养，处静去躁。这是老子对统治者的感慨及警醒。

“辎重”一词可以引申理解为人民（或者说是守望的大道），意指国君时时都不能忘记治理国家最重要的根本所在——人民。

本章属国家治理主题，与众多章呼应。

第27章

善行无辙迹，善言无瑕谪，善数不用筹策，善闭无关楗而不可开，善结无绳约而不可解。是以圣人常善救人，故无弃人；常善救物，故无弃物，是谓袭明。故善人者，不善人之师；不善人者，善人之资。不贵其师，不爱其资，虽智大迷，是谓要妙。

【译文】（有道之人）善于行走不会留下痕迹，善于言谈不会留下话柄，善于计算不使用筹码（辅助设备），善于闭合不用关键（门栓）却打不开，善于捆绑不用绳索却解不开。所以有道的君王治国善于做到救助每一个人，所以没有遗弃之人；善于做到物尽其用，所以没有丢弃的物资。这是圣明的境界啊。所以善良的人，是不善之人的老师，心存不善之人，是善良之人的借鉴参考。不尊重老师，不把不善之人做借鉴参考，虽然看似聪明却是大糊涂啊！这是非常至关重要的道理。

【解述】 民本思想是《道德经》的重要观点之一，可以说是贯穿始终的。老子非常希望看到统治者常善救人救物，更希望无弃人无弃物。执政者也正因为救人救物（善待人民、优化管理）而有存在的重大意义。这也是当世各国政府的重要职能之一，其本源在本章及第 62 章（人之不善，何弃之有）得到充分体现。

本章最后两句也可以解读成：虽然懂得拥有了大道那样的大智慧，但从不表现出来，甚至看上去很迷糊，这才是真正的处世治国的大道啊。但文气与上文游离，故不采用。

本章与第 49 章呼应。

第28章

知其雄，守其雌，为天下谿。为天下谿，常德不离，复归于婴儿。知其白，守其黑，为天下式，为天下式，常德不忒，复归于无极。知其荣，守其辱，为天下谷。为天下谷，常德乃足，复归于朴。朴散则为器，圣人用之则为官长。故大制不割。

【译文】 有道之人甘于做绿叶般的幕后英雄，从不到台前争做主角出人头地，他们就像溪流一样汇集到川河，崇尚道德时刻也不离身，就像婴儿一样纯朴；有道之人甘受屈辱诟骂却不争论辩白，他们就像空谷一样包容了一切。这样的人就是胸有大道之人，是具有高尚品德知足常乐之人。就像璞玉雕刻去杂芜之后，就成了精品器物，君王用之就是政权的象征，所以治理大国就像这璞玉一样不能轻易分割侵害（璞玉雕刻分解之后，就成了小块四分五裂，所以大治之国，是不会分解这样的璞玉的）。

【**解述**】正确地看待主角与配角的关系，正确地对待成功与辅助的关系，正确地理解主要方面和次要方面，甘做幕后英雄，甘做绿叶扶持，相辅相成，相互成就。这一修身上的哲学思维是道所包含的应有之义，也是事业成功的关键，一直是影响人类不断前进的重要思维方式。

本章末尾两句也是多家多译。另外，多家考证“守其黑，为天下式，为天下式，常德不忒，复归于无极。知其荣”23个字为衍文，非老子本言，故不译。但自汉以后各本均有此句，亦似与上下文相应，多家也存之，本译亦录存参考。

第 29 章

将欲取天下而为之，吾见其不得已。天下神器，不可为也，不可执也。为者败之，执者失之。故物或行或随，或嘘或吹，或强或羸，或培或隳。是以圣人去甚，去奢，去泰。

【译文】如果想要夺取天下而刻意强求，我看是肯定不会成功的。天下这一神圣之器，不可以强求妄为，不可以据为己有，强求一定会失败，即使获得也会很快衰亡失去。(所以治国处事要像大道一样顺其自然)，有时候行走如风，有时候跟随其后，有时候轻声呵气，有时候撮口急吹，有时候表现强大，有时候表现孱弱，有时候培护直上，有时候急剧下降（不管哪一种表现都是循道而行)。所以有道的君王（会顺其自然，不强制妄为）不会有过多欲望，不会追求奢侈豪华，而是居安思危。

【解述】本章与第 19 章、第 26 章、第 49 章、第 64 章对应，均属国家治理主题，均是提醒劝诫执政者要收敛自己的欲望，保持警醒的状态，同时要以人民的追求为追求，侧面体现出民本思想。

第30章

以道佐人主者，不以兵强天下，其事好还。师之所处，荆棘生焉。大军之后，必有凶年。善有果而已，不敢以取强。果而勿矜，果而勿伐，果而勿骄，果而不得已，果而勿强。物壮则老，是谓不道，不道早已。

【译文】君王以道的要义来执政，不会轻易地发动军事战争称霸于天下，（如果轻易发动战争）这样的事情会很快遭到还报。发生过战争的地方（生灵涂炭，人烟稀少），杂草灌木丛生。大的战争发生之后，必然要发生灾荒瘟疫。所以正义的战争在取得了预定目标之后就一定会停止，不会再恃强好胜。取得了预定目标也不会时时处处夸耀、自我表彰、居功自傲，因为他知道发动战争是迫不得已的事情，绝不因为取得了胜利而进一步武力称霸。事物到了强壮极点就会走下坡路，战争不符合道的精神，穷兵黩武之后将很快趋向没落衰亡的。

【**解述**】老子在本章清楚地表达出反对霸权主义，明确指出战争的危害，坚决地反对战争。至今在国与国的交往上至关重要，不能动不动兵戎相见。不得已的战争“果而已”，出于自卫反击，保家卫国，而不是耀武强军，霸占利益。那不是“道”，会及早衰亡。本章与第 61 章映衬。

第31章

夫兵者，不祥之器，物或恶之，故有道者不处。君子居则贵左，用兵则贵右。兵者，不祥之器，非君子之器，不得已而用之，恬淡为上。胜而不美，而美之者，是乐杀人。夫乐杀人者，则不可以得志于天下矣。吉事尚左，凶事尚右。偏将军居左，上将军居右。言以丧礼处之。杀人之众，以悲哀泣之，战胜，以丧礼处之。

【译文】 武器（和战争），归根结底不是吉祥的存在，大道很厌恶，所以有道之人不会轻易使用。平时生活以左边为贵，而军事打仗以右边为贵。战争和武器是不祥之物，不应是圣明的君王所拥有或使用。确实是在万不得已情况下才使用。即使这样，也要心存善念，淡然处之，即使取得了胜利也不能夸耀武力。如果不是这样，那他就是一个穷兵黩武之人，好杀好战，这样的人是不能够很好地统治天下的。吉庆之事把左尊为上位，而在战争中，是把右尊为上位。偏将军在左边，上将军在右边，这是说将军打仗要用丧礼的仪式来处理。在战争中必然有很多死亡，对这样的阵亡应该是无比悲痛的，在战争达到预定目标结束之后，应该以隆重的丧礼来安葬缅怀他们。

【**解述**】出动军队和使用武器是在不得已的情况下，在本国主权和领土完整，以及国家和人民的利益受到侵害的时候，才奋起用之反击，而绝不是好战而穷兵黩武。同时，战争之后，还应有人道主义的处置。本章是接上一章的进一步论述，也与第 68 章呼应。

第32章

道常无名，朴。虽小，天下莫能臣。侯王若能守之，万物将自宾。天地相合，以降甘露，民莫之令而自均。始制有名，名亦既有，夫亦将知止。知止可以不殆。譬道之在天下，犹川谷之于江海。

【译文】道是难以名状形容的，她是质朴的。虽然细小（但每个细微处都存在道，一粒一世界），天下没有谁能够使之臣服。君王如果能够遵循大道治理天下，天下万物四海臣民都会归化拥护其统治。（如果是这样的话）天地阴阳二气和合降下甘露之水，人民不需要强制命令而他们却能够非常和谐地在一起。正因为这样“均平等”的治理模式，才可以清楚道是什么样的表现形状，治国者也可以知道什么事不能做（什么事能做，这样既可以生长发展），又可以避免灾祸危殆。这个道对比天下万物的存在（喻指治理天下），就好像山谷的溪水终究会归流到广博的江河大海一样。

【**解述**】质朴归真是老子描述道的一个主要性质和状态，他认为所有人，特别是统治者都应保持这样的状态，那么天下就会大治大统，这是老子向往追求的桃花源式的清明和谐融合世界，这在后面章还有论述。

均，是天下人民追求的一种最佳状态，孔子说“不患寡而患不均”，而“均”是道的题中应有之义，引申为政治上的民主、平等思想。

在第25章，老子说道“大”，这里又“小”。其实是不矛盾的，一致的。一个是从宏观分析一个是从微观分析，都是对道的认识表述，终究意思是宇宙万物一切所有，有形无形，都是道所化生，在一切大小事物中都能体现道的存在。

本章与第34章、第37章、第51章，第52章呼应。

第33章

知人者智，自知者明。胜人者有力，自胜者强。知足者富，强行者有志，不失其所者久，死而不亡者寿。

【译文】了解别人的人是智慧之人，了解自己的人是聪明之人，战胜别人的人是有力量之人，战胜自己的人才是强大之人。能够知道满足的人是富足之人，能够持之以恒的人是有志气之人，不忘初心根本（坚守大道之人）是真正的长久，人死了但他的精神思想还在后世流传才是真正长寿之人。

【解述】本章基本上就是白话，一看一读便能诵记于心，吐之于口。人贵有自知之明，历代广为诵传，至今仍闪烁其光芒，足见老子思想的张力和穿透力。老子本人就是死而不亡者！“自知、自胜、知足、强行”也成为个人自我修养的一种准则和标志，每个人都应保持和运用。

第34章

大道泛兮，其可左右。万物恃之以生而不辞，功成而不有，衣养万物而不为主，常无欲，可名于小；万物归焉而不为主，可名为大。以其终不自为大，故能成其大。

【译文】大道无处不在（滋养了各个方位的世间万物），世间万物都依靠道的运化生长发展，而大道从不辞辛劳。养育万物却从来不说是自己的功劳，护佑万物也从不做他们的主人。她是这样的无私无欲，似乎是一个很小的存在；世间万物都归附于她，她却不做他们的主宰，她是有这样博大的胸怀。因为她终究不自高自大，而能成就其伟大。

【解述】本章是最能体现《道德经》的一个伟大之处，就是没有宗教色彩。纵观古今中外形形色色的宗教，无不有至高无上的创造神，法力无边的救世主……而老子的“道”则大小都不为主，绝不去想去支配控制世间万物，而是护佑培育世间万物（第51章说：长之育之，亭之毒之，养之覆之），只是为而不争，利而不害（第81章），这是多么伟大和高尚，也是人类本心本性的内在追求及归宿。

本章与第81章映衬，与第7章、第25章、第62章呼应。

第35章

执大象，天下往。往而不害，安平太。乐与饵，过客止。道之出口，淡乎其无味，视之不足见，听之不足闻，用之不足既。

【译文】执守大道之人，天下都会去归附，而且在她那里不会受到伤害，感受到平安快乐。优美的音乐与鲜美的食物，会让行人停下脚步。道的本质却毫无味道，眼睛看不到，耳朵听不到，但它的效用却是无处不在用之不尽的。

【解述】本章语句平实直白，一看即能明了其意。与第12章、第14章、第32章呼应。

第36章

将欲歙之，必固张之；将欲弱之，必固强之；将欲废之，必固兴之；将欲取之，必固与之，是谓微明。柔弱胜刚强。鱼不可脱于渊，国之利器不可以示人。

【译文】将要闭合，必定先张开；将要弱化，必定先强大；将要废弃，必定先兴盛；将要得到，必定先给予，这是大道运用的微妙显明之理（物极必反）。柔弱一方只有通过这样才能生长发展壮大，就如鱼儿离不开渊池。这样治理国家的机妙运用只能去做，而不可言传，也是不可炫耀告诉别人的。

【解述】“柔弱”是老子的重要思想之一，但被很多人误解为是不求上进，甘于落后，或者是怯弱怕事，特别是与儒家思想不符，受讥诟也就不足为怪了。但实际上老子并无此意，其本意还是在哲学理解上，是从事物运动发展过程来认识，指柔弱的一方将会得到生长发展，而至强大之后则又必然走下坡路（物壮则老)，所以老子提倡只有一直处于柔弱的状态，那么就会永远处于不败之地，这才是老子想要表达的“柔弱”本意。

本章的末两句很容易理解为军事上的重要武器不能对外发布，这样的理解不能说错，这是题中应有之义，但不全面。其涵括更广更深，运用到国家治理那就是重大方略（包括军事战略）的核心、本质、底线、具体布置与运作等是不可以轻易地公布的。古人讲：君不密，则失臣；臣不密，则失身；几事不密，则害成！就是“不能示人”很好的注解体现（至今仍运用在国家档案的解密处理上）。其实本章还是要更多地从哲学的角度来理解（我们都听说过“要使其灭亡，先使其疯狂”的俚语，也是与开头四欲一理），而不应从权术、阴谋上来译解。

本章内容与第 43 章、第 78 章呼应。

第 37 章

道常无为而无不为，侯王若能守之，万物将自化。化而欲作，吾将镇之以无名之朴。无名之朴，夫亦将不欲。不欲以静，天下将自定。

【译文】道一直都是恬淡无为顺其自然的，但天地万物却无不是道的运化而成，君王若能循道而治，天下将会自然生化。如果生化久了产生私欲，自己用无私无欲的质朴去控制压制。有了这无私无欲的质朴，就不会再有过度的欲望。就会达到清静安宁的状态，天下将自然安定祥和！

【解述】老子的“无为”思想，在这一章做了进一步阐述。无为不是不作为，是不乱作为，不去满足个人欲望的作为。道运化产生了宇宙万物，但这并不是道有意而为之，道是没有目的性的。她无私无欲，顺其自然，自然而然。然而宇宙万物无不是道运化产生出来的，所以说无不为。这才是无为无不为的正解。运用到国家治理上，就是提醒执政者要持道而为，不妄作强为，不能有过多的极端的欲望，强调无为而治，则天下太平！

本章与第 30 章、第 32 章、第 35 章、第 63 章呼应。

第38章

上德不德，是以有德；下德不失德，是以无德。上德无为而无以为，下德为之而有以为。上仁为之而无以为，上义为之而有以为，上礼为之而莫之应，则攘臂而扔之。故失道而后德，失德而后仁，失仁而后义，失义而后礼。夫礼者，忠信之薄，而乱之首。前识者，道之华，而愚之始。是以大丈夫处其厚，不居其薄；处其实，不居其华。故去彼取此。

【译文】高尚的品德是来自内心的质朴而不是为了表现有德，低劣的品德是注重外在表现自我夸耀。高尚品德之人是无私无欲的，低劣品德之人强施妄为是为了满足一己之私。仁爱之人行事作为是为了利益众生，不是为了满足自己欲望，以义的名义去行事，是有欲望的做法（不合大道），而以礼的名义行事则是强迫人执行（这样是得不到广泛支持的）；所以，道德是根本，仁义礼是衍生的枝末。自礼向上，层层递进，自道向下，层层弱化，直到最后以礼的名义，就是失去了真诚质朴之心，是天下纷乱的起源；那些自以为有先见之明的人，只不过是道的虚华，是愚昧无知的开始。所以正人君子追求敦厚的道德，而不追求乐于表现居于浅表的义礼，追求利而不害为而不争的大道，而不会去追求华而不实的滥施作为。这样追求什么摒弃什么就很清楚了！

【解述】《道德经》分为《道经》和《德经》，自本章起到第81章为《德经》，之前为《道经》。在长沙出土的帛书版《道德经》中《德经》在前，《道经》在后。老子说过多种德，主要有上德（第38章）、善德（第49章）、玄德（第50章）、常德（第28章）、不争之德（第68章）等等，当然还有广德、建德等，但都是道在人身上的具体表现，但也包含世间万物、草木石头都有其德。

本章对德的表现作了具体分析，何以为德，何以不德，何为上德，何为下德？老子都一一点明了。德是老子思想的另一主要支撑，如人之左右手（道为左手），与道结合相互运用则能使万物“尊道而贵德”（第51章）、“民莫之令而自均”（第32章），而不需要仁义礼，却能达到天下大治大一统。

另外，本章字句考证颇多，众说纷纭，莫衷一是。本译秉承“不做正本清源”（前言）之理念，按通行本意译。

第39章

昔之得一者，天得一以清，地得一以宁，神得一以灵，谷得一以盈，万物得一以生，侯王得一以为天下正。其致之也：天无以清，将恐裂，地无以宁，将恐废，神无以灵，将恐歇，谷无以盈，将恐竭，万物无以生，将恐灭，侯王无以正，将恐蹶。故贵以贱为本，高以下为基。是以侯王自谓孤、寡、不谷。此非以贱为本邪？非乎？故至誉无誉。是故不欲琭琭如玉，珞珞如石。

【译文】上古之时循道的表现有：天（应指天文意义上的天）循道清气上升明朗，地（应指地理意义上的地）循道浊气下降而安宁，神循道有超凡能力，空谷循道元气充盈，天下万物循道将会生长，君王循道执政将会正而无私江山永固。推而言之，反过来，天不能清气上升，将会裂开造成天祸，地不能浊气下降造成大地震动地面荒芜，神不灵验将会枯竭无能，空谷失去充盈之气就会废止停息，天下万物都停止生长，将会灭失一切生物，君王不正派无私那么将会失去政权而亡国。(事物都是正反两方面对应的)，所以所谓的贵是以贱为根本，高是以下为基础。所以君王自称为孤、寡、不谷（食不果腹)，就是以谦下的品质来衬托自身的高贵，不是这样吗?（就是这样的!）所以至高无上的高贵赞誉就是（像平常人一样）没有高贵赞誉。从不追求像美玉一般的华丽高贵，而宁愿做朴实无华的石头。

【**解述**】本章为《德经》的第二章，开宗明义说明了“道”的伟大意义和重要效用，明确指出了侯王的高贵是来自人民群众的衬托，深刻指出执政者应遵守大道，不应追求华贵而应回归朴实，还应处下、谦卑，要与人民群众打成一片，力求达到第17章开头说的那样“太上”之境。

本章“一”与第14章“混而为一”，第22章“圣人抱一为天下式”，皆指道。

第40章

反者，道之动；弱者，道之用。天下万物生于有，有生于无。

【译文及解述】 本章21个字，是全篇《道德经》的精萃所在，根本源所在。其他各章节所阐述的道、德、圣、仁、静、正、定、救、明……均由此演变化生而来，犹如宇宙大爆发之初的原点，包罗了所有一切及其关系，此章为体其他各章为用。

具体来说，弱是反的表现，反是弱的核心。反是规律、本质、核心，弱是构成、关系、发展方向，是宇宙自然及社会关系的基本遵循。一个“反”字，甚至可以概括代表解释整篇《道德经》，理解了这个“反”也就抓住了《道德经》核心精要。反，第一层面理解可视为任何事物都在朝其反的方向运动，这是初级哲学理解，也是第一层应有之义。但再往下深究，其运动发展则会回到原点—“返”，所以亦可以理解“反”，“返”也。这也是世间万物，宇宙万有运化的终极规律。由此衍生出“反”亦可理解为“复”“又”

"返""周""回""圆""远"（第25章：远曰反），就是与近现代哲学所提出的矛盾、对立统一及一切事物都在运动发展观点相一致……由此化生出万有万物万般现象的性质及其关系。《道德经》各相关章句（众多章）内容中的大小、先后、难易、善恶、音声、轻重、动静、寒热……莫不是"反"具体描述和具体表现。也是老子重点想阐述和表达的核心要义。

再有，以现代物理学的角度来看，反是引力，弱是运动，引力产生运动，运动生产宇宙。宇宙的核心内质都是引力的作用，而在引力的作用之下，又产生了各种运动，从而衍生出宇宙万物。万物在引力的作用下（普遍性）互相影响而呈现出不同的运动（特殊性），而产生具备各自的属性和特征，而各自的物体而又按照自身的特性运动生长发展。

同时，就万物的运动而言，任何事物现象都是朝着其存在状态的相反方向运动，看似柔弱的事物却处于正向壮大发展的阶段。由此推究，宇宙自然，世间万物都由这看似柔弱的事物运动发展而来，其之前的状态即一如道的真理，真空虚无而又幻化无穷，虚幻不实而又循环往复。

本章字数最少，也一如宇宙形成初期的奇点。由奇点产生引力和运动，然后产生世界万物。也可以说，由本章奇点产生了《道经》《德经》及所有的80章。

有学者提出本章的"有"与第1章第2章"有"

同属。本译不赞成也不采用。与第1章或可以映照，但与第2章“有无”之“有”那是两个类别两个层面的意思。第2章之“有”为举例论证，本体论证事物相互转化关系，本章之“有”实为发生之“有”，不是逻辑之“有”。本章“有”“无”乃是老子观察万物，体察道之性质之总归结，是世间万物万象背后的宇宙本质，也是《道德经》的伟大之处。

第41章

上士闻道，勤而行之；中士闻道，若存若亡；下士闻道，大笑之，不笑不足以为道。故建言有之：明道若昧，进道若退，夷道若纇。上德若谷，大白若辱，广德若不足，建德若偷，质真若渝。大方无隅，大器晚成，大音希声，大象无形。道隐无名。夫唯道，善贷且成。

【译文】具有上等慧根的人闻听道，就会理解并践行；具有中等慧根的人闻听道，他半信半疑试行这个道；愚痴之人闻听道，他根本不懂道的妙义，对于道嗤之以鼻而大笑。而正是这样的大笑，反过来足以证明道的伟大奥妙。所以曾经有夸奖描述道的语言这样说：至上光明的大道看起来却似晦暗无光，让人精进的修道方式却好像退步不前，似乎平坦顺畅的道看起来却崎岖坎坷。至高无上的道虚怀若谷，空旷博大，正因为道的洁白高尚，所以她会谦下地容纳各种污垢，无边无际广大的道是永远没有尽头，那些建立起来的典范的大德，看起来无所作为，纯真至上的大道看起来却似污浊。这个大道啊，充满了所有空间角落无边无际，她表现出来就像那些大材大器是最晚长成最晚制作成功的，震撼宇宙自然的声音却好像又听不到，至大有用却看不到她的存在，她真实存在却又隐约不见。也只有这样的道，善于帮助成就别人，利而不害，为而不争。

【解述】 本章主要还是对道的论述，道在各个方面都有具体的表现。布袋和尚曾经有一首插秧诗：手把青秧插满田，低头即见水中天，六根清静方为道，退步原来是向前！也很好地诠释了本章的“进道若退”。大白、大方、大器、大音、大形，这五大反映道在人身上的表现。其中“大器晚成”有争议，帛书版为“免成”，本译按“晚成”译出，总体上是一脉贯通，一气呵成的。

本章与第 14 章、第 15 章、第 64 章、第 81 章映衬。

第42章

道生一，一生二，二生参，参生万物。万物负阴而抱阳，冲气以为和。人之所恶，唯孤寡不谷，而王公以为称。故物，或损之而益，或益之而损。人之所教，我亦教之。强梁者不得其死，吾将以为教父。

【译文】大道运化产生初始的一（宇宙世界形成的原始状态），一又运化产生阴阳二方（事物的对立两方面，阴阳是最原始的表现形式），阴阳两方相互参合作用协作和合化生出宇宙世界自然万物。宇宙世界自然万物都有阴阳对立面，他们在矛盾中不断向前发展生长，就是这样的冲气激荡不断调和协作（推动事物向前发展）。

人世间所厌恶或者说不想看到发生的，孤、寡、不谷（食不果腹）。但君王常这样称呼自己（那是一种谦下的表现，或者理解为有道的君王会希望把这些不好的事情发生在自己的身上，而不让他的人民受此苦楚）。所以越是这样谦损自己，却越会得到民众支持拥

护，而反过来，满足欲望私利却会遭到人民的反对和唾弃。这是历代传下来的真理，我也这样教大家遵循。以强凌弱，横行霸道不会有好结果，会招致灭亡，我们都把这作为格言记住遵行。

【解述】本章为老子的宇宙生成论，指出了宇宙万物生成的总源头、总动力及其内在运动的本质规律。本译在《前言》虽已经指出不作学术上的辨明考证，但本章还是有必要解释论述一下。因为这是本译与众多译本的显著不同之一（其他众多译本均为：道生一，一生二，二生三，三生万物）。

众多译家考证出《道德经》很可能为老子口述，尹喜集录后流传于世（还有集体创作之说），因此很容易产生误听误录误传，这是其一；其二，先秦时期"叁、参"可以通用，很可能产生误断误解；其三，道生一，一生二，属于事物的普遍性，而后二生参，参生万物属于事物的特殊性、个性、本来面目，而不是再生出第三者（如果有，仍属于事物的普遍性。这不符合否定之否定的哲学规律，是不成立的）。从《道德经》强调的对立统一理论分析，二生三需要深入研究，当属"三、参"之误传误解。"二生三"不符合老子的思想，只有"参"才能充分体现阴阳对立统一的思想理论，只有"参"（参互、参合）之意才能理解顺畅。特别是本章后面两句，其实已经从本质上阐释了二生参：“万物负阴而抱阳”已经清楚地指出万物只有阴阳两方面，对立统一，独阳不生，孤阴不长，阴阳和合即为生长，何来第三者？何来再生三，再三生万物？紧接着“冲气以为和”就更加清楚地表达出只有两方之意，冲为对冲协作调和之意，即为矛盾双方，也只有矛盾才推动事物向前运动发展，推向前进。这个“冲”字就是矛盾之义之理，只有阴阳两方面才为对冲，何来三方对冲，显然谬解。

自然一切生物也是遵循“参生万物”的原理，一粒种子最初长出二个叶芽，也就是阴阳两方面。微观粒子也是如此，电力正负极，磁场南北极……均不可能有第三者。

《易经·系辞》说：是故形而上谓之道（即一），形而下谓之器（即二）。器成则阴阳生，阴阳生则相互运化（即参）而成万物。这里很明显只有上下，而无中，中为上下所含所生，中有万物，而非三生，是由参生。

《庄子·田子方》老子说：至阴肃肃，至阳赫赫，肃肃出乎天，赫赫发乎地。两者交通成和而物生焉。也清楚地解释了万物来自阴阳互动的结果。实在不知后世众多译家都认作二生三，三才生万物。

《淮南子·天文训》载：道始于一，一而不生，故分阴阳，阴阳合和而万物生。这也清晰指明了道生一，然后一分为二，二为阴阳，和合而生，各种各样的和合参合生成宇宙世界自然万物。

《序卦传》书：天地氤氲，万物化醇，男女构精，万物化生。都是只有两方互相作用而产生万物，并无第三方的加入或者产生第三方。

现代计算机技术就源自二进制（0、1），这是无须质疑的（由德国著名数学家莱布尼兹在中国《易经》哲学中阴爻阳爻获得灵感）。二进制，即以0、1两个数字以无穷的组合运算代表覆盖了宇宙自然万物的所有信息（当然还在进化发展之中），这其中并无第三方的加入，更不是由三来生万物。这现代科技也雄辩地充分验证出是二相互作用，形成了参。参，生了万物。

即使我们人类的繁衍，也只是男女双方交媾（即参）产生后代子女，根本没有第三方的因子，或者第三方加入，若有第三方，在哪里？是谁？

本章是对第40章的进一步阐述（类似奇点爆发后宇宙的生成），对宇宙对自然万物的推理。

“人之所恶”之后一段众多学者一致认为是第39章的衍文，本译也以为是，但依照文气文理译出供参考。

第43章

天下之至柔，驰骋天下之至坚，无有入无间，吾是以知无为之有益。不言之教，无为之益，天下希及之。

【译文】（像水）那样最柔弱的事物，却能在天下最坚硬牢固的地方驰骋流淌，看似不存在的道却充满了各个角落，我因此能够明白无时无处不在的道的伟大。这种只可意会不可言传的道，顺其自然发展的益处，世间没有任何东西可与之比肩。

【解述】 本章涵盖了老子的“无为”“柔弱”两个重要的概念，以及其无以比拟的伟大效用。

本章映照第78章。

第44章

名与身孰亲？身与货孰多？得与亡孰病？是故甚爱必大费，多藏必厚亡。故知足不辱，知止不殆，可以长久。

【译文】 功名（或者说声名）与健康哪个更亲密，身体与财富哪个更贵重，得到（存在）与失去（死亡）哪个更不利？（那是不言自明的）。所以过多的欲望就会耗费更多的精力，追求过多的财富就负累而亡。知道满足就可以不受屈辱，知道什么事可以做什么事不可以做（实事求是，遵循事物发展的一般规律而不逆道而动）就不会消亡，这样才可以长久存在。

【解述】 本章非常有现实意义，也是《道德经》张力穿透力的又一体现。当今社会人群逐利心切，浮躁而难以沉静，如果能够深入体会“孰亲、孰多、孰病”，就可明显认识到应该淡化名利，去除欲望，守住内心的大道（利而不害，为而不争）而知足、知止、至长久！

第45章

大成若缺，其用不弊。大盈若冲，其用不穷。大直若屈，大巧若拙，大辩若讷。躁胜寒，静胜热。清静为天下正。

【译文】伟大的成功总归有缺憾的地方，但他的功绩总是主流，（虽有小的不足）却总是瑕不掩瑜；事物到了最大限度的充满状态，似乎就要冲破，但它的功用却是久久释放绵绵不绝的；近乎绝对的直线，看起来却似乎是弯曲的；睿智精巧，表现出来却似笨拙的，那些胸有韬略的贤明之人，说话却似木讷愚痴。（所以）一定要克服心浮气躁，降下心头热火，内心清静才是普天下成功的必然之道。

【解述】对应第41章，本章也有五大：大成、大盈、大直、大巧、大辩，第41章“五大”指道体，本章“五大”指道用，做到本章“五大”，则为完美高尚的人格，当然最终还应追求清静致正。本章与第4章、第41章相对应。

第46章

天下有道，却走马以粪；天下无道，戎马生于郊。咎莫大于欲得，祸莫大于不知足，故知足之足，常足矣。

【译文】（一个国家一个政权以民为重从不剥削），国家治理有道（人民安居乐业），就连战马也在耕作播种；如果治理无道（战乱纷起），就连母马也要拉上战场，在交战的郊野之地生育马仔。灾难在于执政者追求自己过度的欲望，灾祸在于执政者永不满足的贪婪剥削。（所以那些清心寡欲进退有度的贤明之君），会明白什么样的满足才是真正的满足，这样才是幸福长久的满足！

【解述】老子在这里再次强调反战、民本思想。他认为战争是由于人们的贪念、不知足引起的，因此执政者必须少私寡欲，收敛自己，以人民为中心，与人民共进退，共享太平盛世的幸福满足。

本章与第30章、第31章呼应。

第 47 章

不出户，知天下；不窥牖，见天道。其出弥远，其知弥少。是以圣人不行而知，不见而明，不为而成。

【译文】（人非生而知之，但一旦明道之后）足不出户就可知道天下事理，不用通过仪器观察也清楚天体运行的轨道。远道求学，但效果恰恰相反（指君王应多了解民情，掌握本国动态，顺应民意而为。而不需要舍近求远，效法他人他国而治理本国，那只是舍本求末）。所以有道的君王不用远行、不用察看就可以明白事物发展演化的规律，掌握了事物发展的规律顺势而为就能成功。

【解述】佛经里面介绍，佛陀最初远行修炼多年却不能成功，而一旦坐在菩提树下深悟却通达明了，起身成佛。古人讲，秀才不出门，便知天下事。诸葛亮卧居山林而明了天下，隆中一对，天下三分。周文王囚居羑里演化八卦预知天下大事。老子在此主要意思还是劝世人要清澈本心，观照世界，洞悉一切，顺其自然，清静无为（顺势而为）而治而成。

第48章

为学日益，为道日损。损之又损，以至于无为，无为而无不为。取天下常以无事，及其有事，不足以取天下。

【译文】在学习上力求知识与日俱增，而在修道明理上，讲究每天断损自己的欲望，直到空无一物，毫无所求，就会达到大同大成的境界，可以成就一切事情，达到无为无不为之境。这个时候可以治理天下而且太平无事，而如果起了欲望（贪财富，兴土木，扩疆土，开战端……），就不配来治理天下了。

【解述】本章老子主张治国者要摒弃欲望，放下贪嗔痴，而做一个清静无为、返璞归真、有益于人民的君主。而有人要问了，如果天下不太平，本国难以独善其身，又怎么可能做到这样。那请参看第31章及第19章。所以《道德经》是有系统性的，不可片面地就某一章而断其义，那不是全面准确地掌握《道德经》的要义智慧，总体上还是需要前后连贯照应参看理解。

第49章

圣人常无心，以百姓心为心。善者，吾善之；不善者，吾亦善之，德善。信者，吾信之；不信者，吾亦信之，德信。圣人在天下歙歙焉，为天下浑其心。百姓皆注其耳目，圣人皆孩之。

【译文】有道的君王是没有自己欲望追求的，他是以天下百姓的普遍追求作为自己的追求；对善良的人，我好好地对待，不善之人，我仍然好好地对待，这样就能在全社会树立起全民从善的好氛围；讲求诚信之人，我诚信对待他，不讲求诚信的人，我也诚信地对待他，这样就能在全社会树立起良好的诚信氛围。有道的君王内心常怀天下治理不好的忧思，为天下百姓保持纯朴无欲无求的圆融之心。天下也会关注君王的言行举止，而君王会把百姓当作自己的孩子一样来对待。

【解述】老子当属道家，而本章充分体现了儒释道一体，首先，与儒家思想高度一致。“圣人常无心，以百姓心为心”与儒家的“民为贵，君为轻”，以及“父母官”之称的主旨是一致的，更与现代执政理念相似：群众的愿望期盼，就是执政当局工作的目标方向。其次，佛家提倡以善止恶，而不以恶止恶，老子说善者，吾善之；不善者，吾亦善之，德善。信者，吾信之；不信者，吾亦信之，德信。这两家思想又是一致的。所以可见老子的伟大！同时，老子的民本思想在这一章又得到了较好的体现，“以百姓心为心”，百姓的向往追求就是执政者的工作目标，把百姓的根本利益作为出发点和归宿，这才是大爱、大善、大德、大道！

本章与第 27 章、第 66 章呼应。

第50章

出生入死。生之徒十有三；死之徒十有三；人之生生，动之于死地，亦十有三。夫何故？以其生生之厚。盖闻善摄生者，陆行不遇兕虎，入军不被甲兵，兕无所投其角，虎无所措其爪，兵无所容其刃。夫何故？以其无死地。

【译文】 在世之人，从生到死，顺其自然平静生活的人有十分之三；死于非命（疾病、战争、瘟疫等）的人也有十分之三；贪求财富，欲望过盛的人也有十分之三。这是为什么呢？是因为他心生贪念追求享受过度奉养。听说善于养生得道之人，（他无欲无求，敬重爱护世间一切生灵，与大自然融为一体），在野外山间行走，不怕遇到世人所恐惧的犀牛老虎等猛兽，遇到战争也不用身披盔甲。猛兽不会攻击他，兵器也伤害不了他。这是什么原因呢？是因为他已经修为到最高境界，与身体躯壳没有关系了，也就没有被伤害的地方和应因了。

【解述】理解本章，不能在意于十分之三这一具体的数字，只是代表这几类人（会有人提出还有十分之一的人到哪里去了？不必要深究，这里老子并不是在做数学题。也有译本说十分之一成仙升天去了。这样的解释不科学，是带有宗教色彩的，不予采信），总体意思还是要提醒他人，把控各自欲望，纯体清静。同时，不但要敬畏生命还要敬重自然，世上万物皆有灵性，不乱砍滥伐、滥捕滥杀，爱护生灵，保护生态，人与自然和谐相处，这样才能“陆行不遇兕虎，入军不被甲兵，兕无所投其角，虎无所措其爪，兵无所容其刃”。

第51章

道生之，德畜之，物形之，势成之。是以万物莫不尊道而贵德。道之尊，德之贵，夫莫之命而常自然。故道生之，德畜之。长之、育之，亭之、毒之，养之、覆之。生而不有，为而不恃，长而不宰，是谓玄德。

【译文】道运化产生世间一切万物，德蓄积在世间万物之中，让世间万物表现出各种形态，造就出各自存在发展的环境。所以世间万物没有一个不遵循大道尊重大德的。道德的尊贵，她没有命令任何事物来听从她的指示，而世间万物却都在按照道德自然生长。所以说道化生出万物，德蓄积在万物之中。在每个事物的发展过程中，她都会促进生长发展，使之成熟成功，并施以养育护佑。而她化生一切却从不据为己有，成就一切却从不居功自傲，成长一切却从不主宰一切，这就是深沉久远的大德啊！

【**解述**】《庄子·天地》说：物得以生谓之德。德之深沉则大善大爱，利于他人，利而不害，为而不争——也是人生的基本意义。但老子的可贵之处，并不遵从神鬼，并没有把道捧成为主宰天地的大神。利用神鬼来说明事理倒是有，比如第60章，明显区别于其他宗教哲学，是古代难得的辩证唯物主义，无神论者。

本章与第34章相映衬。

第52章

天下有始，以为天下母。既得其母，以知其子；既知其子，复守其母，没身不殆。塞其兑，闭其门，终身不勤。开其兑，济其事，终身不救。见小曰明，守柔曰强。用其光，复归其明，无遗身殃，是为袭常。

【译文】从一开始的那一刻是道孕化了天下万物（对应第1章及第40章的“有”），那也可以称之为天下万物的母亲了。既然知道了天下万物的母亲，那天下万物也就是她的子女了，作为天下万物的子女（包括人类）都应该按照道来生长发展，这样终身没有危险灾难。管住自己的口欲（不仅指食欲，更指妄语乱言），关闭自己各种欲望（眼耳鼻舌身意，七情六欲），那么他永远一辈子也不会生病（或者带来灾祸）；而恰恰相反，如果放纵自己的口欲（引申追求各种欲望），为了成就自己（追求荣华富贵）而不择手段（不循天道），那么他一辈子成就成功不了。（大到国家小到个人有没有放纵欲望），从小的方面就能清楚明白，只有那些守住了柔弱的少私寡欲的人，才是真正的强者。遵循大道的智慧之光，就能回到光明前途，终身也不会有什么灾难祸殃，这才是真正得以长久保持的大道。

【解述】 本章是承接上一章继续引申阐发道对人的生存发展的作用与规律。老子反复多次，苦口婆心来规劝世人，特别是执政者要少私寡欲，低调收敛，并要尊道重德，自然发展，于国于民于己都至关重要。这一观点，自古及今，仍是历久弥新，香远益清。

其实，读《道德经》其中很多章是互为映衬，互为解释，以致历代有人怀疑很多章是后人的注解、衍文而不是原文！

本章与第 12 章、第 13 章、第 56 章呼应。

第53章

使我介然有知，行于大道，唯施是畏。大道甚夷，而人好径。朝甚除，田甚芜，仓甚虚。服文彩，带利剑，厌饮食，财货有余，是为盗夸。非道也哉！

【译文】通过社会上的很多小事情（很多具体现象）让我清楚明了，（不论是国君还是平民）都应该遵循实行大道，时时惧怕走到邪路上去。大道是非常光明平坦的，而有人（指执政者）去想走捷径走邪路。以至于朝纲废弛，官场腐败，田地荒芜，国库粮库空虚。而他们（好径之人）穿着奢侈华丽的衣服，佩戴名贵的利剑饰品，天天挑剔吃喝不够名贵不够精细，自己占有的财富多到终身用不完（都是不义之财，通过非道德的途径得来的），这些人都是口称有道的滥竽充数之徒，是强盗头子，并不是真正的守道行道之人啊！

【**解述**】在第26章，老子对执政者还是劝诫、提醒，而在这一章，老子直接开骂了，可见老子对当时的政局及统治阶层有多么的不满，也给后世清明的政治安装了崇尚“朴素、节俭、去奢侈、不与民争夺”等护栏，与《大学》里的“财聚则民散，财散则民聚”的道理是充分一致的。

第54章

善建者不拔，善抱者不脱，子孙以祭祀不辍。修之于身，其德乃真；修之于家，其德乃余；修之于乡，其德乃长；修之于邦，其德乃丰；修之于天下，其德乃普。故以身观身，以家观家，以乡观乡，以邦观邦，以天下观天下。吾何以知天下然哉？以此。

【译文】建立了以道来修行的人是坚忍不拔的，怀抱有信仰的人是不忘初心的，（正因为这样），他的子孙后代都会延续高举他的旗帜，按照他的大道精神延续发展。（按照这样的办法来观察），遵道行事于个人，那他就是一个真诚完美的人；遵道行事于家庭，那他这个家庭就是有福有余之家；遵道行事于乡里，那这个乡里就是福寿绵长的地方；遵道行事于小国，那这个小国就是人寿年丰厚德有余的地方；遵道行事于天下大国，那天下大国普遍就是敦朴厚德之人（这样就会立于不败之地，犹如善建者不拔，善抱者不脱）。所以用这样的原理来观察一个人、一个家、一个乡、一

个邦直至国家，就可以知道这个人、这个家、这个乡、这个邦、这个国家的德行怎么样。我为什么（足不出户）能够知道天下各个地方的情况呢？就按照这样的方式原理。

【解述】本章映衬第 47 章。表达上近于白话，不译自明。因此可以看出老子直通古今，相当厉害了！读者也可自译自明，本译只是提供一种参考译解，不作为标准答案。

另外就论证方式来看，《道德经》中有众多章句（第 11 章，第 12 章，第 36 章，第 55 章）都是这样，通过观察众多事物的外在表现，而可以透过现象看穿其本质规律，这也是方法论。

第55章

含德之厚，比于赤子。毒虫不螫，猛兽不据，攫鸟不搏。骨弱筋柔而握固。未知牝牡之合而朘作，精之至也。终日号而不哑，和之至也。知和曰常，知常曰明，益生曰祥，心使气曰强。物壮则老，谓之不道，不道早已。

【译文】具有深厚品德的人，就好像刚刚出生的婴儿。他是毫无欲望的，（这样的人），蜂蝎等毒虫是不会螫伤他的，虎狼猛兽是不会扑杀他的，鹰隼飞禽是不会攻击他的。他的筋骨柔嫩但小手紧紧地握成拳头，他还不懂得男女交配之事，但生殖器却会高高地勃起，这是因为他精气充足的缘故；他整天都会啼哭，但声音不会嘶哑，这是他有和合充溢的元气之故（婴儿为什么会这样呢）。要知道万物和合而生，这是一般的常性，知道这个常性那就明白道了。（反过来破坏这个规律），一味地放纵自己的欲望贪欢求生，一味地追求所谓的强大。那他看似强大，实际上不遵天道，很快衰亡，这不是大道，而是面临衰亡在即。

【**解述**】在第12章、第19章、第28章、第30章、第52章、第53章、第56章、第75章等以及本章，老子一再告诫人们，特别是治国者要收敛自己，管束自己的欲望，多次指出物极必反，欲望过盛只会招致衰败灭亡，这也是《道德经》要表现的重要主题之一。

老子一再提到婴儿，实则是以其为喻，喻人要如婴儿那样保持真朴，没有过多的欲望，反对使用心机，要“绝智去辩，绝伪弃诈，绝巧去利”，用来说明道的实质和规律。

本章的赤子“三不”古有印证：《史记·周本纪》记载：周始祖农神后稷，其母亲踏巨人足印而孕而生，视为不祥，被丢弃到小巷里，但牛马经过都绕着走而不踩踏，后又被扔到河里的冰面上，却又有很多大鸟用翅膀覆盖在他身上，垫在他身下保护他……后教民农耕，促进农业发展，成为圣人，以至于人民把他当作神明敬仰怀念他。

第 56 章

知者不言，言者不知。塞其兑，闭其门，挫其锐；解其纷，和其光，同其尘，是谓玄同。故不可得而亲，不可得而疏；不可得而利，不可得而害；不可得而贵，不可得而贱。故为天下贵。

【译文】有大智慧的人不著书立说，而夸夸其谈的人没有智慧。三缄其口，关闭甚至隔绝自己的欲望，解除锐利突出的棱角，化解远离纷扰，把自己置于日月星三光的运动之中，把自己融入宇宙自然万物运动之中，那他就进入了与玄秘深奥的道一样的大同世界。(到了这样的境界)，不分亲疏，一样对待；不分利害，一样取舍；不分贵贱，一视同仁。这样的行为，这样的人，才是得到普天下尊重的。

【解述】智者不言，圣人无名，神人无功，至人无己。老子本无意著作《道德经》留传后世，他西行途中至楼观台（今陕西周至县）应尹喜所求而言说道经、德经 81 章（《何新品老子》第 187 页：“老子一书源于口授”。后世考古发现《道德经》最初并无章节区分)，并非老子亲书，而由尹喜集录成文，留传后世。有译本以此反嘲老子自己留经传后世，实乃罔顾事实，而误解老子。

“挫其锐，解其纷，和其光，同其尘”这四句历来有错简之说，众多译本将此四句置于第4章。本译认为此四句还是要从修身意涵上来理解，这样与本章主旨一致，所以在此为佳。

本章与第9章、第52章映衬。

第57章

以正治国，以奇用兵，以无事取天下。吾何以知其然哉？以此。天下多忌讳，而民弥贫；民多利器，国家滋昏；人多伎巧，奇物滋起；法令滋彰，盗贼多有。故圣人云："我无为而民自化，我好静而民自正，我无事而民自富，我无欲而民自朴。"

【译文】以正大光明之道来治理国家，以出奇制胜之理用于战争，以遵循大道无为而治来取信人民赢得天下。我为什么知道会是这样呢？基于以下事实：治理国家忌讳增多，那么人民就会更加贫穷；民间有更多器具（主要指武器），国家就会出现各种乱象；人民智慧增多，自以为是不服从管理，那么匪夷所思的各种事情就会不断发生；颁布施行各种严酷的法令，而相反偷盗的现象却时有发生。所以有道的君王会说：我清静无为而人民自然淳朴善良，我不去扰乱剥削而人民就会品德端正，我不去干扰人民的生产生活而人民财富自然会得到增长（让他们不受徭役、兵役的纷扰，而安心专心从事生产，则资产增长，民安物阜），我自己做到了对人民无欲无求，那么人民一定会敦朴开化！

【解述】 本章历来众译纷纭，如不少译家把“正”译为清静无为之道，后面“忌讳、利器、伎巧”等也是各说各话。本译认为学术上可以探究，理解上还是以通俗易懂为上。其实本章还是重点强调了老子的无为思想，在无为上，还要进一步收敛，而为民所为，民有所为，达到人民自化、自正、自富、自朴的无不为之境。主要针对周王朝后期的社会乱象：诸侯争霸，群雄并起，战火肆虐，生灵涂炭。老子深恶痛绝有感而发。这对后世国家治理乃至全球秩序优化都有深刻而广泛的借鉴教育意义。

本章与第 37 章、第 65 章、第 75 章、第 80 章呼应。

第 58 章

其政闷闷，其民淳淳；其政察察，其民缺缺。祸兮福之所倚，福兮祸之所伏。孰知其极？其无正也。正复为奇，善复为妖。人之迷，其日固久。是以圣人方而不割，廉而不刿，直而不肆，光而不耀。

【译文】治理国家政治宽厚，人民就会淳朴敦厚；治理国家政治严苛，而人民却会为逃脱法令而变得狡诈。灾祸可以向有福报的方向转变，福报也可以向发生灾祸的方向转变。谁又能知道它的终极是福是祸呢？没有定论！正确的可能转化妖邪的，善良的又可能转化为凶恶的！人们在这方面感觉困惑迷茫由来已久了。所以有道的君王会坚持做到刚正不阿而不去伤害别人，清廉有能（对应第 8 章“事善能”）却不侵犯别人（抢占别人利益），优秀正直而不放纵放肆，光芒四射但不炫耀矜夸。

【解述】本章是老子哲学阐述的精彩篇章，不断为后人运用引用。祸兮福之所倚，福兮祸之所伏——很容易让人联想到塞翁失马的故事，充分体现了矛盾双方的倚伏和相互变化，这一点在人类的社会关系上体现尤为突出。深刻地告知人们不应为当下的困境顺境所陷所迷，保持清醒的头脑，推动事物正向发展。同时，最后四句话也充分阐明了老子对执政者理想人格状态的描摹，也是发出的呼吁、追求的目标和努力的方向。

第59章

治人事天，莫若啬。夫唯啬，是谓早服。早服谓之重积德，重积德则无不克，无不克则莫知其极，莫知其极，可以有国，有国之母，可以长久。是谓深根固柢，长生久视之道。

【译文】统治人民敬奉天道的方法，都不如像农夫那样纯朴节俭。只有这样，才能最先接受大道天道。这样做就会积累厚重的品德，有了厚重的品德是可以无往而不胜而不利的，是不知道她有多大的能量，不知道她有多大的能量（是指无穷大的极致的能量）就可以治理统治一个国家，而这个国家有了大道这样的根本倚靠，是完全可以长长久久地存在发展的。遵循大道就像有了大树的根柢，是可以稳固久远地存在发展的方法。

【**解述**】本章是说政治还是说修身养性，历来说法不一。本译遵从政治角度及实用性出发，主要理解为阐述治国之道。特别是“啬”一字，就是意指上一章的文末四句：方而不割，廉而不刿，直而不肆，光而不耀。

第60章

治大国，若烹小鲜。以道莅天下，其鬼不神；非其鬼不神，其神不伤人；非其神不伤人，圣人亦不伤人。夫两不相伤，故德交归焉。

【译文】治理大国，就好像烹煎小鱼（煎鱼不能经常翻炒，喻治大国不能折腾）。遵循大道治理天下，鬼怪也会蛰伏不出来伤害人民，并不是鬼怪都是善类，是因为有了道的教化，它们也受教不伤人；并不仅是鬼怪受教化之后不伤人，有道的君王也不会伤害人。这两种情况善恶都不伤人，是因为他们都有道有德，是殊途同归的。

【解述】老子是无神论者，他用社会上有些人信拜的鬼神（至今鬼神在社会上仍然大有市场领地）来论证道的精神，这是他的伟大之处，可以说他不仅仅是无神论者，也是反神论者，这在当时是革命的反叛创新精神，难能可贵。

可以看出，老子的诸多语句意味深长，句式整齐，琅琅上口，广泛流传。“治大国，若烹小鲜”这句话就是这样，并在中国的政治思想史上产生了重大影响。这就是《道德经》的张力、穿透力的又一具体表现！

第 53 章、第 57 章、第 58 章、第 59 章、第 60 章均连续讲治国，可见老子对当时的政治很不满意，所以才有接二连三的抨击、呼吁、求索……

有人说开头两句与后文不搭，这是没有充分了解古文表达方式。比兴是古文中常有的修辞手法（《诗经》中比比皆是）。如汉乐府诗《孔雀东南飞》开头两句：孔雀东南飞，五里一徘徊。似与后文风马牛不相及，而只有读完全诗充分理解其意义后，才明白这两句是统领，是文眼。“治大国，若烹小鲜”也是如出一辙——老子太高明了。

第61章

大国者下流。天下之交，天下之牝。牝常以静胜牡，以静为下。故大国以下小国，则取小国；小国以下大国，则取大国。故或下以取，或下而取。大国不过欲兼畜人，小国不过欲入事人，夫两者各得所欲，大者宜为下。

【译文】大的国家就好比处于江河的最下游，处于天下所有河流的最下交汇处，呈现出阴柔安静之象。因为阴柔安静更能比刚强扩充有效（不于小国之先抢夺财富，不于大国之上谋求尊贵）。所以大国谦虚地尊重小国，则取信于小国和平共处；小国谦虚地尊重大国，也能够取信于大国，得到相携发展。所以不管国之大小，只要谦虚尊重别国，都能够得到别国的信任而共生共长。尤其是大国不恃强凌弱兼并小国，小国也不必因弱小而卑躬屈膝迎合大国。这样所有的国家都能够和平共处，各得其所益，大国应更加谦逊包容一些。

【解述】本章的主旨至今闪烁耀眼的光芒。国与国之间没有强弱大小之分，都应诚信对待，相互包容，携手合作。以此处理外交事务，国与国之间以此交往，则世界大同和平。如果一个大国没有道德本源，只会倚仗经济军事实力在全世界耀武扬威、称霸世界的话，在老子看来，这样的统治是不会长久的，其必然走向衰亡。也正是这一章，彰显《道德经》的伟大，对于全世界全人类所有国家，都有不朽的时代价值，也值得深入挖掘，一体遵循，发扬光大。

本章与第56章映衬。

第62章

道者，万物之奥，善人之宝，不善人之所保。美言可以市尊，美行可以加人。人之不善，何弃之有！故立天子，置三公，虽有拱璧以先驷马，不如坐进此道。古之所以贵此道者何？不曰，求以得，有罪以免邪？故为天下贵。

【译文】道，是宇宙自然万物运行的奥秘玄妙所在，是所有天下善良人的无形珍宝，不善良之人也能受到道的护佑施益。遵循道体现道的语言可以取得别人的尊重，优良的品德品行可以影响别人教化他人。对于那些不善良之人，为什么要抛弃远离他们呢？正因为这样才需要推举天子君王，设置大臣公卿（治理那些不遵循道的不善之人）。对他们即使拱手，拜请他们乘坐大车尊重他们，都不如与他们座谈剖析道的原理。自古以来为什么都会尊重这道呢？因为他心里不会想，我即使犯下过错也会得到免除吗？正因为这样，普天下都会尊崇道，所以道是最尊贵的。

【解述】 本章也是多家多译，各说各话。本译取“人之不善，何弃之有”与第27章“常善救人，故无弃人”一致之意译出，此章老子还是要表达民本之思想，对于所有的人，特别是弱小以及不善之人，都要救助帮扶。

本章与第27章、第49章、第56章对应，亦为老子民本思想的体现。老子提倡无为而治，但不是无政府而治，而且他认为政府非常重要，必不可少，“故立天子、治三公”，不弃“不善”，是政府的重要职能之一。不但要保护人民，而且还要进行教育、引导那些心存不善之人，使他们回归到正途正道上来。

第63章

为无为，事无事，味无味。大小多少，报怨以德。图难于其易，为大于其细。天下难事，必作于易，天下大事，必作于细，是以圣人终不为大，故能成其大。夫轻诺必寡信，多易必多难，是以圣人犹难之，故终无难矣。

【译文】（为人处世治国都要遵道循德），以无私无欲为作为，不做与民争利侵害别人利益的事情，以坚守内心恬淡清静为有滋味（道是无滋无味的），认真处理好大与小的关系、多与少的关系，这样才能做到以德行回报怨恨。（真正遵行道是很难的事情），要从容易的事情做起，做大的事业也要从小处做起；天下艰难困苦的事情必然起始于容易入手的事情，天下的千秋伟业必然从小的事情开始做起。有道的君王从来都不会一开始就说就做多么大多么难的事情，（因为他们知道），凡是轻易作出许诺必然是不足信的，什么都认为容易那他就会困难重重（是做不成什么事的），所以有道的君王都是由小事、容易的事情做起，这样就会

一路顺利不会遇到大的困难（与下一章相映成趣）。

【解述】 本章与第 35 章、第 37 章、第 64 章、第 81 章呼应。阐明了事物发展的本质，从小到大，由易到难，这也是大智慧之人、坚守大道的人才会洞察把握的。星星之火，可以燎原；小小蚁穴，溃堤千里。老子谆谆告诫人们要重视弱小，要打牢基础，认真对待每一件小事，认真对待每一件看似容易的事，才会“终无难”。

第 64 章

其安易持，其未兆易谋，其脆易泮，其微易散。为之于未有，治之于未乱。合抱之木，生于毫末；九层之台，起于累土；千里之行，始于足下。为者败之，执者失之。是以圣人无为故无败；无执故无失。民之从事，常于几成而败之。慎终如始，则无败事。是以圣人欲不欲，不贵难得之货；学不学，复众人之所过。以辅万物之自然，而不敢为。

【译文】安定团结的局面容易保持（共富贵易），没有苗头预兆时容易谋划应对，脆弱的事物容易破败（共患难难），（没有汇聚一心）细微的东西容易离散。做人家没有做过的事（才能成功），治理在还没有发生混乱的时候（才能有效）。多人合抱的参天大树，是从细微的种子长起来的，九层的楼台是从一筐土一筐土累积起来的，千里之路，是靠自己的脚一步步走出来的。强作妄为一定会失败，执念把持一定会失去。所

以有道的君王无私无欲就能成功胜利，没有执念妄想就从来不会失去什么。世俗之人做事情常常接近于成功却放弃了，如果坚持到底，一如既往（那他一定会得到成功之果），不会发生失败的事情。所以有道的君王会把无私无欲当作自己的追求，不去追寻那些世间的贵重财宝。而是学习一般人不学的（映衬第 41 章“下士闻道，大笑”）终极大道，不会重蹈世间追求私欲的过错，顺应自然万物运行发展的规律之道，而不敢强行妄为！

【解述】本章也是对上一章的进一步诠释，从自然，到社会，到实践，来说明伟大的事业必须要有万分的坚韧和毅力，一点一滴去完成，重视“未有、未乱、毫末、累土、足下”的基础性工作。基础不牢，地动山摇，几成而败，慎终如始，则无败事。

本章后半段：为者败之，执者失之。是以圣人无为故无败；无执故无失。民之从事，常于几成而败之。慎终如始，则无败事。是以圣人欲不欲，不贵难得之货。学不学，复众人之所过。以辅万物之自然，而不敢为。众多学者认识是衍文或是错置（错简）。文理上似乎与上面不能紧密联系，但本译认为与多方面阐述道的宗旨是一致的，故顺前文文理一气一脉译出。

第 65 章

古之善为道者，非以明民，将以愚之。民之难治，以其智多。故以智治国，国之贼；不以智治国，国之福。知此两者亦稽式。常知稽式，是谓玄德。玄德深矣，远矣，与物反矣，然后乃至大顺。

【译文】自古循道有德的贤良君王，不会教化人民机巧伪诈，而是让他们愚鲁质朴。人民之所以难以治理，是因为他们有了欲望有了智巧。所以说以机谋教化管理人民，是国家治理的灾难，以敦朴教化人民，是国家和人民的幸福。明白这正反两方面的道理是治理国家的要旨核心所在，明了这样的方法规律那是知晓深远大德的人。这个深远大德寓意深刻而长远，在实践执行中与常理相反，但这样长久施行，就能让国运昌盛人民幸福（是第 40 章理论的社会实践表述，因为万物生于有，有生于无，所以才说深矣，远矣）。

【**解述**】此章自古及今各家均有考语，众说纷纭。如：高一涵说：“何以说老子的政治哲学，是反抗当时政治社会的情形的呢？因为他看见当时年年打仗，百姓东跑西散。所以才主张去兵。看见当时社会贫富不均，损不足以奉有余，所以才主张尚俭。看见当时暴君污吏，以百姓为土芥所以才主张无为。看见当时智巧日生，诈伪百出，所以才主张尚愚。这四个主张——去兵、尚俭、无为、尚愚——就是造成老子理想国的入手办法”（《老子的政治哲学》，新青年杂志6卷5号）。老子生逢乱世，对时政时局很不满，又非常同情人民，他总结出国家与人民灾难来自统治者，是那些“贤者”的有为、智巧，所以他非常反对这样（第3章开头就说：不尚贤），可以看出老子非常认同向往尧舜之治，以及商周的开国之治：人民野蛮愚朴，而国大同，大顺，融融、和和。那是一种和谐安定融洽的国家治理体系和社会关系。

本章与第57章映衬，与第19章、第20章、第58章、第78章呼应。

第 66 章

江海所以能为百谷王者，以其善下之，故能为百谷王。是以圣人欲上民，必以言下之；欲先民，必以身后之。是以圣人处上而民不重，处前而民不害。是以天下乐推而不厌。以其不争，故天下莫能与之争。

【译文】江海之所以是众多河流的归宿（或者说是向往），是因为江海总是处在低下处，所以成为众多溪流的归往之所。因此有道的君王治理国家要以人民为上，一定是对人民出言谦下；要使人民过上好日子，就一定是在人民之后享受生活。所以这样的君王身处高位而人民觉得他很谦逊和自己一样，并不需要十分重视他（与第 17 章对应，太上，不知有之，意即并不重视，自古以来有道的君王都是和人民同命运共呼吸，泯然众人，人民丝毫不感觉到负累）。领导人民走在前面而不妨碍，并由于得到人民拥护，人民不会加害于他，这样的圣君普天下人民都会拥戴他，丝毫不会厌弃他。也正因为他不争权位，不争利益（与第 29 章：

“不可为也，不可执也”映衬），而天下没有人与之匹敌争夺。

【解述】“不争”是老子的重要哲学思想之一。他提倡世人特别是君王要循道而为：不武、不怒、不与（第 68 章），不敢为天下先（第 67 章），德善、德信（第 49 章），救人、救物（第 27 章），不害、不争（第 81 章），但恰恰是这样的不争是天下最强大的力量，是民众最支持最拥护的力量。所以老子又说：后其身而身先，外其身而身存（第 7 章），意即不争是最大的争，而不是消极的放弃、沉沦、躺平。这才是老子“不争”思想正确的深层次的含义，是一种至高境界。

特别要指出来本章的“重”的意思，应与第 17 章对照参看，是与之对应的，“太上，不知有之”，意即并不重视，自古以来有道的君王都是和人民同心同德、同甘共苦，而君王泯然众人，人们并不重视他的存在（这样的译注与河上公一致），这才是老子所推崇的为政最高境界。老子在《道德经》中多次阐明他的为政观点，包括最高境界的无为而治。这些阐述中，既有一般的描述，也有具体的措施，也有追求的目标，另外还有提倡和警醒。本章即是此例。

本章与第 8 章、第 17 章、第 20 章、第 29 章呼应。

第 67 章

天下皆谓我道大，似不肖。夫唯大，故似不肖。若肖，久矣其细也夫！我有三宝，持而保之。一曰慈，二曰俭，三曰不敢为天下先。慈，故能勇；俭，故能广；不敢为天下先，故能成器长。今舍慈且勇，舍俭且广，舍后且先，死矣！夫慈，以战则胜，以守则固，天将救之，以慈卫之。

【译文】普天之下都说道是至高无上最大的，没有任何东西可与之比照对应。也正由于其广大无边，所以没有任何东西与之比拟。要是有可以具体描述的东西与之比拟，那早就是渺小的东西而不是道了。遵循大道之人，有三件宝贝，在内心一直保持：第一叫慈，第二叫俭，第三叫不敢为天下先。仁慈柔和，化为爱的力量那是最勇猛伟大的力量；节俭吝啬（与士兵人民同甘共苦，可以集中资源办大事）能够得到最广大的支持；不敢冒天下之大不韪抢先夺取，却能得到最广大的地域和人民。反观现在，很多执政者不施仁德，一味地强行冒进，不讲节俭，大肆铺张浪费，不顾一

切想夺取天下统治人民，那么就会走向穷途末路了（很快衰亡）。保持仁慈柔和，不管是战争还是固守，终究都会得到胜利成功。上天如果想救助谁，成就谁，那么一定会让他具有仁慈柔和的高贵品德，那么他无论做什么也都会无往而不胜！

【解述】慈、俭、不敢为天下先，这“三宝”是老子精神家园里开出的三枝美丽花朵，这是治国为人都应该遵循的内在因子。《道德经》的张力和穿透力，本章再次得到很好的体现，“三宝”观点至今及以后必将依旧闪烁耀眼光芒，照亮世上人间，慈善大爱。

有学者指出：天下皆谓我道大，似不肖。夫唯大，故似不肖。若肖，久矣其细也夫！是错简。本译列出充实老子本意，也便于读者更全面了解掌握《道德经》。

本章与第 12 章、第 25 章、第 29 章、第 34 章、第 53 章映衬。

第68章

善为士者，不武；善战者，不怒；善胜敌者，不与；善用人者，为之下。是谓不争之德，是谓用人之力，是谓配天之极。

【译文】高明有道的将帅不会轻易发动战争（以德服人），善于作战不会轻易被激怒，善于克敌制胜不会轻易与敌人短兵相接（攻心为上），指挥部众要谦恭而礼贤下士。这就是不与别人争夺而能取胜的崇高品德，这就是善于使用别人的力量，这就是与天相合相配的至高道德。

【解述】《道德经》的涵盖面是非常广的，军事领域也是其阐述的重点内容之一，而战争的至高境界是“不战而屈人之兵”（《孙子·谋攻》），这在老子这里找到了思想源头。“不武，不怒，不与，善用人”四点自古至今一直是克敌制胜的法宝，但总体上仍然与政治紧密联系，归属道的大范畴。

本章与第31章、第73章呼应。

第69章

用兵有言：吾不敢为主而为客，不敢进寸而退尺。是谓行无行，攘无臂，扔无敌，执无兵。祸莫大于轻敌，轻敌几丧吾宝。故抗兵相加，哀者胜矣。

【译文】善于得道用兵的会说：我不会主动发动战争侵略别人（第31章说不得已而用之），也不会因为眼前的利益短暂的胜利而放弃更大的利益和胜利（亦可理解为在战争中有退让是为了更好地大踏步前进，这是高明精致谋略的兵法）。最高明的战争是部队行军不让人发现，举臂攻击却让敌人感受不到（晕头转向），攻击敌人如入无人之境，短兵相接做到内心与兵器合一。战争中最大的灾难就是过于轻敌，这样就会丧失战争的先机良机（或者说是本心，即在第67章说的“三宝”），在两军对垒对抗的时候，哀兵（慈方）必胜（怀有仁慈的一方终将取得胜利——夫慈，以战则胜，以守则固）！

【解述】理解本章需要对古代战争有一定的了解，在冷兵器时代，行军布阵至关重要，在开战之前必须布阵，每个士兵，每一级每一名指挥员都要站在最佳位置，然后才能发动攻击。最后“哀者胜”是指总体上慈善用兵一方，或者说因为慈爱得到人民支持的一方终究会取得胜利，而不是指一次战斗或者是局部战争。

虽然说老子本意是反战重治的，第 31 章两次说：兵者，不祥之器；第 30 章又说：师之所处，荆棘生焉。大军之后，必有凶年。但他仍然对军事战争从道的高度进行了理论探索，上一章及本章就体现出高超艺术的用兵之道。

老子是伟大的思想家，同时冠以军事理论家之冕亦不为过。本章及第 30 章、第 31 章、第 57 章、第 68 章均涉及军事观点，甚至有不少学者认为《道德经》是兵书。综观《道德经》，可以看出军事哲学乃是老子思想主干抽出的部分旺盛的绿色枝叶，但并不是其思想的主体。即使如此，仍让后代众多军事家政治家受益于老子思想，并予以军事理论和实践的再创造。

第70章

吾言甚易知，甚易行。天下莫能知，莫能行。言有宗，事有君。夫唯无知，是以不我知。知我者希，则我者贵，是以圣人被褐怀玉。

【译文】我的言论思想很容易知晓（因为都来自身边事物总结归纳，每个人都会看到体会到，道法自然），也很容易实行。但普天下的人却很不了解知晓，也不愿意实行。说的每一句话都有来历源头，说的每一件事都有根据。而那些没有头脑智慧的人，不认同肯定我。明了我说的有道之人太少了，而效法实行大道的人是难能可贵的，所以（像上古明君那样的）圣人常常穿麻布衣裳而心怀美玉般的大道大德。

【解述】初一看，本章似乎是结语，老子对自己观点论述的自我总结定性（显现出的是世人不解之感慨，于是西出函谷关，后还有屈原因为同样的原因而投江）。但又不是最后一章，好似理论探索路上的驿站，稍息一下，回头看一看，总结评估，便于重整行装再出发，以期取得更大的收获。

相比于众多先秦文学，《道德经》浅显易懂多了，很多章句几乎不用翻译已知其意，几乎接近现代汉语体系了，真是“甚易知”。有感于此，本译亦秉承老子的学风文风，以直白平实的语言把老子真实准确的要意传达给社会大众，让最广大的社会大众知《老子》，懂《老子》，学《老子》，用《老子》。

这里我们有必要告慰一下老子：您老先生的《道德经》思想的光芒穿透至今，照耀中外，走向世界。不但知您者甚多，而且则您者云集，而且越来越多（《道德经》是现今全球印刷发行量第二的文献），众多思想观点已经成为普世价值观，放之四海而皆准，这是您的伟大之处，华夏栋梁，炎黄骄傲！

第71章

知不知，尚；不知知，病。圣人不病，以其病病。夫唯病病，是以不病。

【译文】知之为知之，不知为不知，这是高尚之人；自己不懂装懂，这是思维病态的表现。有道的君王之所以不会有这样的病态表现，是因为他厌恶摒弃病态思维。只有厌恶摒除病态思维，才是品行高尚没有病态的人。

【解述】律学大师李叔同说过：大智慧之人的言行在一般人看来傻乎乎的，而一般人总要装出很聪明的样子而让别人来尊重他。就是本章开头两句很好的注解。

本章24个字，有7个“病”字，正确理解这七个绕口令般的“病”，那你就“不病”了——句式精美，构思精巧，琅琅上口，是《道德经》的又一迷人之处。

本章与第33章映衬。

第72章

民不畏威，则大威至。无狎其所居，无厌其所生。夫唯不厌，是以不厌。是以圣人自知不自见，自爱不自贵。故去彼取此。

【译文】（在高压统治之下，如果）人民不畏惧统治者的威严，（那么统治者）将会实施更加威严的措施（但这样却往往招致官逼民反）。不压迫人民赖以生存的地方，不压榨人民的劳动成果。只有这样的不压迫不压榨，人民群众才不会厌弃而拥护他们的统治者。所以有道的君王会不断涵养自身的道德品行而不到处宣扬表现出来，自爱自重而从来不使自己显得尊贵。就是这样的有所取舍。

【解述】老子《道德经》的形成离不开当时的政治背景、社会背景，老子有一肚子的理想抱负，通过《道德经》而体现出来，可以说是老子的《呐喊》，他压抑而迫切的心情跃然纸上，呼之欲出。这也是对统治者滥政的警告和规劝。

本章与第 13 章、第 17 章、第 53 章、第 56 章、第 66 章映照。

第73章

勇于敢则杀，勇于不敢则活。此两者，或利或害。天之所恶，孰知其故？是以圣人犹难之。天之道，不争而善胜，不言而善应，不召而自来，繟然而善谋。天网恢恢，疏而不失。

【译文】喜好争强好胜就会衰亡，善于谦和柔弱则会留存。这两个方面，有利有弊。谁知道是什么原因呢？所以有道的君王会非常慎重地抉择（不会轻易地做出杀伐的决断）。天道运行，不去争夺却善于得到胜利，不施行这样那样的政令却能得到人民的支持响应，不去发动征召人民，而人民却会蜂拥而至，冷静从容而善于做长远的战略谋划。天道就像一张无边无际的大网，看似疏空却不会遗漏世间万事万物（反过来，万物也会循道而行）！

【解述】有人说本章一定程度上体现老子怯弱思维（不抗争），这是错误的。正确的理解应是老子“柔弱”思想的组成部分——不争、不言、不召。我们理解老子应该从总体来理解，把个体带入整体之下来对照。老子的思想是有系统性的，不能片面地割裂地理解，更不需要纠结于个别词句的字面意义。

本章与第 76 章映衬。又一次体现出老子“柔弱”的重要思想。他认为柔弱一方将会生长发展，取得最终胜利。在面临敢不敢的时候，老子已经给出了答案：那就是后者（不敢）。而这是正确的、理性的、符合道的选择的，面不是消极的怯弱表现。

“天网恢恢，疏而不失（漏）”是千古名句，引用至今。现代意主要指法网（法律的制裁），虽与其本意有所出入，但本源在此，版权著作权属于老子。为此我们要向老子表示尊重敬仰。

“是以圣人犹难之”疑为第 63 章文字重出，或为衍文。本译留存并顺文理译出备参考。

第74章

民不畏死，奈何以死惧之！若使民常畏死，而为奇者，吾得执而杀之，孰敢？常有司杀者杀，夫代司杀者杀，是谓代大匠斫。夫代大匠斫者，希有不伤其手矣。

【译文】人民是不会贪生怕死的，以死来威胁恐吓他们，他们是不惧怕的！要使人民常怀畏死之心，把那些为邪作恶的人，我抓来杀掉，还有谁敢呢？上天之道自会安排执行刑罚的部门和执行者，如果越俎代庖滥杀无辜，那就如同代替木匠来伐木，这样很少没有不伤及自己的手。

【解述】老子所处的周王朝，是奴隶社会末期，用奴隶活人祭祀仍然存在，本章疑为抨击当时的祭祀和丧葬制度，大量地把活人（低层群众以及奴隶战俘）宰杀作祭品，大批地把奴隶仆人陪葬，是当时社会的常态（人民生命朝不保夕，所以不畏死）。老子非常不满这种制度这种滥杀的行为，告诫执政者当心“自己的手”，也是非常有现实的社会意义的。也再次体现老子念念切切的民本思想。

本章思想在当世仍有重大现实意义——应充分尊重珍爱生命，善待呵护每一个人，每一个人也要自珍自爱，在世之人都要深刻理解生命的逝去，会给多方面带来重大的阴影和无法挽回的损失。

第75章

民之饥，以其上食税之多，是以饥。民之难治，以其上之有为，是以难治。民之轻死，以其上求生之厚，是以轻死。夫唯无以生为者，是贤于贵生。

【译文】人民之所以食不果腹，是因为执政者的压榨剥削（税赋太多太重），所以食不果腹；人民之所以不服从管理统治，是因为执政者强作妄为（腐败滥政、为害人民），所以不服从管理统治；人民不怕死（而起来革命），是因为执政者贪求奢厚奉养（逼迫人民起来造反），所以不怕死。只有那些不追求享受不贪求富贵不去剥削人民的君王，他才是循道有德以人民为贵的贤人！

【解述】荀子说：君者，舟也；庶人者，水也；水者载舟，水者覆舟。唐太宗也说：君，舟也；人，水也；水能载舟，亦能覆舟。这与老子的民本思想是一脉相承的。本章与第72章、第74章融为一体，系统阐述老子治民的方略思想，也是对当时社会制度及当权者的严厉抨击和深刻警醒——民心才是最大的政治，最稳固的政权。有人提出第 72 章、第 74 章、第 75 章前后连接为宜，也有道理。

第76章

人之生也柔弱，其死也坚强。草木之生也柔脆，其死也枯槁。故坚强者死之徒，柔弱者生之徒。是以兵强则灭，木强则折。强大处下，柔弱处上。

【译文】人在有生命的时候身体是柔软的，死后则是僵硬的。草木在有生命的时候也是柔软的，死后就会干枯。（以此类推）所以坚硬之类的都是死亡的一类，而柔软是有生命的一类。（推而广之），以兵器强大（而不遵循天道）是不能取得胜利，树木长大干硬了就要被砍伐折断。一直保持强硬的状态是处于下坡路向衰亡发展，而保持柔弱状态是处于生长向上发展的。

【解述】本章与第30章、第55章“物壮则老，是谓不道，不道早已”之意贯通，再次体现老子的哲学辩证思维。反者，道之动；弱者，道之用（第40章），但凡柔弱，生长发展，但凡坚强，走向衰亡！

第77章

天之道，其犹张弓与！高者抑之，下者举之；有余者损之，不足者补之。天之道，损有余而补不足。人之道，则不然，损不足以奉有余。孰能有余以奉天下？唯有道者。是以圣人为而不恃，功成而不处，其不欲见贤。

【译文】天道运行，就好像张弓射箭（必须保持平衡状态），偏高就要向下移，偏下就要向上移；去掉多余的，补上不足的（这样才能得到平衡）。天道运行就是这样损去有余来补不足。但人间社会交往之道却不是这样，是掠夺弱势一方而壮大自身一方。谁能像天道运行那样把有余转移奉献给弱势一方，只有遵循天道的才会这样做。所以有道的君王创造财富而不拥有财富，做成了大事却从不标榜自己的功绩，他的无私无欲彰显出他的贤良高尚。

【**解述**】本章与第 2 章、第 34 章、第 81 章对应，这是对道的又一次体察总结，也是老子追求的社会目标，贫富均等，人民平等，也是奉劝当权者应遁道而为，善待人民。

第78章

天下莫柔弱于水，而攻坚强者莫之能胜，以其无以易之。弱之胜强，柔之胜刚，天下莫不知，莫能行。是以圣人云：受国之垢，是谓社稷主；受国不祥，是为天下王。正言若反。

【译文】普天之下看似最柔弱的就是水了，没什么能胜过她（喻指道，故用她）；能够摧毁坚固坚硬的东西，没什么能够比得上代替她。柔弱胜过刚强，天下人没有不知道这个道理的，却不能够很好地实行做到。所以有道的君王说，能够经受苦难屈辱的，可以做一个国家的君主，为国家承受灾难苦楚的，可以一统天下。这是正确的大道之言，但听起来就像反话一样（犹如良药苦口，忠言逆耳）。

【解述】本章与第8章对应，以水类似于道劝说世人，特别是当权者，主旨直指政治。这一道理历史长河中范例很多，也映衬孟子所说：故天将降大任于斯人也，必先苦其心志，劳其筋骨，饿其体肤，空乏其身，行拂乱其所为，所以动心忍性，曾益其所不能。至此也充分说明了老子所说的柔弱，并不是指软弱无力的，而是以柔克刚，具有无比坚韧、无坚不摧的伟大力量，也当然可以成就一切！

第79章

和大怨，必有余怨。报怨以德，安可以为善？是以圣人执左契，而不责于人。有德司契，无德司彻。天道无亲，常与善人。

【译文】化解调和大的矛盾恩怨（总不会彻底一下子完全解决），仍然会有不尽人意的地方，以德报怨，这是否妥当，是最佳的结果吗（意指还是要坚守大道，从根本上解决）？所以有道的君王即使完全手握契约（收取租税，下派徭役兵役），也不会过分苛求责备他的人民；有德之人不会手握债权契约（逼迫人家），无德之人就会像强制收税一样无情彻底盘剥压榨别人。天道没有偏爱任何一方任何一人，但总会亲近与遵循大道慈善仁爱的人！

【解述】本章与第57章“我无为而民自化”意旨一致，也与第73章映衬。仍然阐述的是政治，感化人民而不是强制人民。这是最大的政治——民心。同时，老子在这里也表达出背后的一个道理，即第67章最后说的“天将救之，以慈卫之”。天道是青睐那些善良慈爱有德之人的。

第80章

小国寡民，使有什伯之器而不用，使民重死而不远徙。虽有舟舆，无所乘之；虽有甲兵，无所陈之。使民复结绳而用之。甘其食，美其服，安其居，乐其俗。邻国相望，鸡犬之声相闻，民至老死不相往来。

【译文】国家要小人民要少。即使有众多的军事工具而不使用，让人民珍惜生命而不向更远迁徙（不去做刍狗牺牲品）。虽然有舟船但用不到，虽然有武器却从不拿出来陈列使用（去发动战争涂炭生灵），让人民恢复到结绳记事的简约生活状态。饮食香甜，衣着美观，安然地居住生活，快乐地享受本地的民俗风情（对饮食不挑剔，穿衣服不奢侈，他们心情舒畅，幸福指数高）。邻国之间举目相望，鸡叫狗叫之声都能互相听得到，老百姓们乐享本地的生活，甚至不需要相互往来走动。

【解述】小国寡民，这简直就是当代社会的基层治理结构（社区、小区、村落……），或者直接可以说是老子思想的成功实践。亦可以说是未来人类追求的大同世界的目标，又或者说一如桃花源，可想不可及。类似于自给自足的小农经济，又是一幅和谐和睦幸福美丽的农村画卷。本章历来争议非议颇多，本译不做辩明，按正面之意译出，作为一解。

本章提出的“甘其食，美其服，安其居，乐其俗”与第 12 章、第 30 章、第 53 章、第 55 章、第 56 章、第 75 章等章相互映衬呼应。

第 81 章

信言不美，美言不信；善者不辩，辩者不善；知者不博，博者不知。圣人不积，既以为人己愈有，既以与人己愈多。天之道，利而不害。圣人之道，为而不争。

【译文】 诚信的话语是朴实无华的，华美的言词是不可信的；内心善良不会巧舌如簧，巧言令色往往心存不善；知识专业不能兼顾知识广博，知识广博又不能兼顾知识专业。有道的君王不会积累财富宝物（他是无私无欲的），常常会帮助别人然后他却得到更多的回报拥护，也常常把自己的东西赠送给他人，却得到别人更多的回馈支持。天道也是这样啊，只做对别人有利的事情，有道的君王也是这样，只是埋头苦干却从来不去争夺！

【解述】 本章与第 8 章“水善利万物而不争”映衬，利而不争是老子的主要理念之一，当然是针对当时政治社会的生态。但自古至今，这仍然是高尚道德之人的言行表现，无偿地帮助别人，而不去和别人争夺（当然主要是指与人民争夺），这是伟大的爱。《大学》里说财散而民聚，财聚而民散。也是这个道理。

古人有“一事不知，儒者之耻”之说，老子所说，则清醒理性的多，相形见绌高下立判了。老子的叙述伟大而精准，他说知者不博，博者不知。完全验证了现当代的科学体系的研究，没有哪个人能明了掌握一切科学知识。孔子当时还对太阳大小作不出准确的解释（《列子·汤问》）而被小儿诘难。可见《道德经》的穿透力自古及今，仍然强劲十足。

本章还有诸多语句既是格言，也是认识世界辨明真伪的正确思维，世界观方法论均予以体现，给人醍醐灌顶，相见恨晚之感！

分　类

为了便于广大读者掌握《道德经》的主旨要义，本译把《道德经》81 章大致分为四类：哲学类，治理类，修身类，军事类。实际上，有很多章既包括哲学类，又涉及治理，也涉及修身，因此有的章既在哲学类，也在治理类，还在修身类。真正完全论述具体一类的章不是很多，所以这种分类不是绝对的，唯一的，还可以再分出许多种类来。之所以这样分，便于读者可以互相参照来看，便于理解掌握。

一、哲学类

（主要包括宇宙观、哲学主要观点，以及道体的描述，道的运用等，共35章）

第1章

道可道，非常道；名可名，非常名。无，名天地之始，有，名万物之母。故常无欲，以观其妙；常有欲，以观其徼。此两者同出而异名，同谓之玄。玄之又玄，众妙之门。

第2章

天下皆知美之为美，斯恶已；皆知善之为善，斯不善已。故有无相生，难易相成，长短相形，高下相盈，音声相和，前后相随。是以圣人处无为之事，行不言之教，万物作焉而不辞，生而不有，为而不恃，功成而弗居。夫唯弗居，是以不去。

第 4 章

道冲而用之或不盈，渊兮似万物之宗。湛兮似或存。吾不知谁之子，象帝之先。

第 5 章

天地不仁，以万物为刍狗；圣人不仁，以百姓为刍狗。天地之间，其犹橐籥乎？虚而不屈，动而愈出。多言数穷，不如守中。

第 6 章

谷神不死，是谓玄牝。玄牝之门，是谓天地根。绵绵若存，用之不勤。

第 7 章

天长地久。天地所以能长且久者，以其不自生，故能长生。是以圣人后其身而身先，外其身而身存。非以其无私邪！故能成其私。

第 10 章

载营魄抱一，能无离乎？专气致柔，能婴儿乎？涤除玄览，能无疵乎？爱民治国，能无为乎？天门开阖，能为雌乎？明白四达，能无知乎？

第 11 章

三十辐共一毂，当其无，有车之用；埏埴以为器，当其无，有器之用；凿户牖以为室，当其无，有室之用。故有之以为利，无之以为用。

第 14 章

视之不见名曰夷，听之不闻名曰希，搏之不得名曰微。此三者不可致诘，故混而为一。其上不皦，其下不昧。绳绳不可名，复归于无物，是谓无状之状，无物之象，是谓惚恍。迎之不见其首，随之不见其后。执古之道，以御今之有，能知古始，是谓道纪。

第 15 章

古之善为士者，微妙玄通，深不可识。夫唯不可识，故强为之容：豫兮若冬涉川，犹兮若畏四邻，俨兮其若客，涣兮若冰之将释，敦兮其若朴，旷兮其若谷，混兮其若浊。孰能浊以静之徐清？孰能安以动之徐生？保此道者，不欲盈，夫唯不盈，故能蔽而新成。

第 16 章

致虚极，守静笃，万物并作，吾以观复。夫物芸芸，各复归其根。归根曰静，是谓复命。复命曰常，知常曰明，不知常，妄作凶。知常容，容乃公，公乃全，全乃天，天乃道，道乃久，没身不殆。

第 21 章

孔德之容，惟道是从。道之为物，惟恍惟惚。惚兮恍兮，其中有象；恍兮惚兮，其中有物。窈兮冥兮，其中有精；其精甚真，其中有信。自古及今，其名不去，以阅众甫。吾何以知众甫之状哉？以此。

第 25 章

有物混成，先天地生。寂兮寥兮，独立而不改，周行而不殆，可以为天下母。吾不知其名，字之曰道，强为之名曰大。大曰逝，逝曰远，远曰反。故道大，天大，地大，人亦大。域中有四大，而人居其一焉。人法地地法天天法道道法自然。

第 32 章

道常无名，朴。虽小，天下莫能臣。侯王若能守之，万物将自宾。天地相合，以降甘露，民莫之令而自均。始制有名，名亦既有，夫亦将知止。知止可以不殆。譬道之在天下，犹川谷之于江海。

第 34 章

大道泛兮，其可左右。万物恃之以生而不辞，功成而不有，衣养万物而不为主，常无欲，可名于小；万物归焉而不为主，可名为大。以其终不自为大，故能成其大。

第 35 章

执大象，天下往。往而不害，安平太。乐与饵，过客止。道之出口，淡乎其无味，视之不足见，听之不足闻，用之不足既。

第 36 章

将欲歙之，必固张之；将欲弱之，必固强之；将欲废之，必固兴之；将欲取之，必固与之，是谓微明。柔弱胜刚强。鱼不可脱于渊，国之利器不可以示人。

第 39 章

昔之得一者，天得一以清，地得一以宁，神得一以灵，谷得一以盈，万物得一以生，侯王得一以为天下正。其致之也：天无以清，将恐裂，地无以宁，将恐废，神无以灵，将恐歇，谷无以盈，将恐竭，万物无以生，将恐灭，侯王无以正，将恐蹶。故贵以贱为本，高以下为基。是以侯王自谓孤、寡、不谷。此非以贱为本邪？非乎？故至誉无誉。是故不欲琭琭如玉，珞珞如石。

第 40 章

反者，道之动；弱者，道之用。天下万物生于有，有生于无。

第 41 章

上士闻道，勤而行之；中士闻道，若存若亡；下士闻道，大笑之，不笑不足以为道。故建言有之：明道若昧，进道若退，夷道若纇。上德若谷，大白若辱，广德若不足，建德若偷，质真若渝。大方无隅，大器晚成，大音希声，大象无形。道隐无名。夫唯道，善贷且成。

第 42 章

道生一，一生二，二生参，参生万物。万物负阴而抱阳，冲气以为和。人之所恶，唯孤寡不谷，而王公以为称。故物，或损之而益，或益之而损。人之所教，我亦教之。强梁者不得其死，吾将以为教父。

第 43 章

天下之至柔，驰骋天下之至坚，无有入无间，吾是以知无为之有益。不言之教，无为之益，天下希及之。

第 45 章

大成若缺，其用不弊。大盈若冲，其用不穷。大直若屈，大巧若拙，大辩若讷。躁胜寒，静胜热。清静为天下正。

第 47 章

不出户，知天下；不窥牖，见天道。其出弥远，其知弥少。是以圣人不行而知，不见而明，不为而成。

第 51 章

道生之，德畜之，物形之，势成之。是以万物莫不尊道而贵德。道之尊，德之贵，夫莫之命而常自然。故道生之，德畜之。长之、育之，亭之、毒之，养之、覆之。生而不有，为而不恃，长而不宰，是谓玄德。

第 52 章

天下有始，以为天下母。既得其母，以知其子；既知其子，复守其母，没身不殆。塞其兑，闭其门，终身不勤。开其兑，济其事，终身不救。见小曰明，守柔曰强。用其光，复归其明，无遗身殃，是为袭常。

第 54 章

善建者不拔，善抱者不脱，子孙以祭祀不辍。修之于身，其德乃真；修之于家，其德乃余；修之于乡，其德乃长；修之于邦，其德乃丰；修之于天下，其德乃普。故以身观身，以家观家，以乡观乡，以邦观邦，以天下观天下。吾何以知天下然哉？以此。

第 55 章

含德之厚，比于赤子。毒虫不螫，猛兽不据，攫鸟不搏。骨弱筋柔而握固。未知牝牡之合而朘作，精之至也。终日号而不哑，和之至也。知和曰常，知常曰明，益生曰祥，心使气曰强。物壮则老，谓之不道，不道早已。

第 58 章

其政闷闷，其民淳淳；其政察察，其民缺缺。祸兮福之所倚，福兮祸之所伏。孰知其极？其无正也。正复为奇，善复为妖。人之迷，其日固久。是以圣人方而不割，廉而不刿，直而不肆，光而不耀。

第 64 章

其安易持，其未兆易谋，其脆易泮，其微易散。为之于未有，治之于未乱。合抱之木，生于毫末；九层之台，起于累土；千里之行，始于足下。为者败之，执者失之。是以圣人无为故无败；无执故无失。民之从事，常于几成而败之。慎终如始，则无败事。是以圣人欲不欲，不贵难得之货；学不学，复众人之所过。以辅万物之自然，而不敢为。

第 73 章

勇于敢则杀，勇于不敢则活。此两者，或利或害。天之所恶，孰知其故？是以圣人犹难之。天之道，不争而善胜，不言而善应，不召而自来，繟然而善谋。天网恢恢，疏而不失。

第 76 章

人之生也柔弱，其死也坚强。草木之生也柔脆，其死也枯槁。故坚强者死之徒，柔弱者生之徒。是以兵强则灭，木强则折。强大处下，柔弱处上。

第 77 章

天之道，其犹张弓与！高者抑之，下者举之；有余者损之，不足者补之。天之道，损有余而补不足。人之道，则不然，损不足以奉有余。孰能有余以奉天下？唯有道者。是以圣人为而不恃，功成而不处，其不欲见贤。

第 78 章

天下莫柔弱于水，而攻坚强者莫之能胜，以其无以易之。弱之胜强，柔之胜刚，天下莫不知，莫能行。是以圣人云：受国之垢，是谓社稷主；受国不祥，是为天下王。正言若反。

第 81 章

信言不美，美言不信；善者不辩，辩者不善；知者不博，博者不知。圣人不积，既以为人己愈有，既以与人己愈多。天之道，利而不害。圣人之道，为而不争。

二、治理类

（主要包括国家及邦域的治理方式，或者管理理念及方法，共 29 章）

第 2 章

天下皆知美之为美，斯恶已；皆知善之为善，斯不善已。故有无相生，难易相成，长短相形，高下相盈，音声相和，前后相随。是以圣人处无为之事，行不言之教，万物作焉而不辞，生而不有，为而不恃，功成而弗居。夫唯弗居，是以不去。

第 3 章

不尚贤，使民不争；不贵难得之货，使民不为盗；不见可欲，使民心不乱。是以圣人之治，虚其心，实其腹；弱其志，强其骨。常使民无知无欲，使夫智者不敢为也。为无为，则无不治。

第 12 章

五色令人目盲，五音令人耳聋，五味令人口爽，驰骋畋猎令人心发狂，难得之货令人行妨。是以圣人为腹不为目，故去彼取此。

第 13 章

宠辱若惊，贵大患若身。何谓宠辱若惊？宠为下，得之若惊，失之若惊，是谓宠辱若惊。何谓贵大患若身？吾所以有大患者，为吾有身，及吾无身，吾有何患！故贵以身为天下，若可寄天下；爱以身为天下，若可托天下。

第 17 章

太上，不知有之；其次，亲而誉之；其次，畏之；其次，侮之。信不足焉，有不信焉。悠兮，其贵言。功成事遂，百姓皆谓我自然。

第 18 章

大道废，有仁义；智慧出，有大伪；六亲不和，有孝慈；国家昏乱，有忠臣。

第 19 章

绝智弃辩，民利百倍；绝伪弃诈，民复孝慈；绝巧弃利，盗贼无有。此三者，以为文，不足，故令有所属，见素抱朴，少私寡欲，绝学无忧。

第 22 章

曲则全，枉则直，洼则盈，敝则新，少则得，多则惑。是以圣人抱一，为天下式。不自见故明，不自是故彰，不自伐故有功，不自矜故长。夫唯不争，故天下莫能与之争。古之所谓曲则全者，岂虚言哉！诚全而归之。

第 26 章

重为轻根，静为躁君。是以圣人终日行不离辎重。虽有荣观，燕处超然，奈何万乘之主，而以身轻天下？轻则失根，躁则失君。

第 27 章

善行无辙迹，善言无瑕谪，善数不用筹策，善闭无关楗而不可开，善结无绳约而不可解。是以圣人常善救人，故无弃人；常善救物，故无弃物，是谓袭明。故善人者，不善人之师；不善人者，善人之资。不贵其师，不爱其资，虽智大迷，是谓要妙。

第 29 章

将欲取天下而为之，吾见其不得已。天下神器，不可为也，不可执也。为者败之，执者失之。故物或行或随，或嘘或吹，或强或羸，或培或隳。是以圣人去甚，去奢，去泰。

第 37 章

道常无为而无不为，侯王若能守之，万物将自化。化而欲作，吾将镇之以无名之朴。无名之朴，夫亦将不欲。不欲以静，天下将自定。

第 46 章

天下有道，却走马以粪；天下无道，戎马生于郊。咎莫大于欲得，祸莫大于不知足，故知足之足，常足矣。

第 48 章

为学日益，为道日损。损之又损，以至于无为，无为而无不为。取天下常以无事，及其有事，不足以取天下。

第 49 章

圣人常无心，以百姓心为心。善者，吾善之；不善者，吾亦善之，德善。信者，吾信之；不信者，吾亦信之，德信。圣人在天下歙歙焉，为天下浑其心。百姓皆注其耳目，圣人皆孩之。

第 53 章

使我介然有知，行于大道，唯施是畏。大道甚夷，而人好径。朝甚除，田甚芜，仓甚虚。服文彩，带利剑，厌饮食，财货有余，是为盗夸。非道也哉！

第 57 章

以正治国，以奇用兵，以无事取天下。吾何以知其然哉？以此。天下多忌讳，而民弥贫；民多利器，国家滋昏；人多伎巧，奇物滋起；法令滋彰，盗贼多有。故圣人云："我无为而民自化，我好静而民自正，我无事而民自富，我无欲而民自朴。”

第 58 章

其政闷闷，其民淳淳；其政察察，其民缺缺。祸兮福之所倚，福兮祸之所伏。孰知其极？其无正也。正复为奇，善复为妖。人之迷，其日固久。是以圣人方而不割，廉而不刿，直而不肆，光而不耀。

第 59 章

治人事天，莫若啬。夫唯啬，是谓早服。早服谓之重积德，重积德则无不克，无不克则莫知其极，莫知其极，可以有国，有国之母，可以长久。是谓深根固柢，长生久视之道。

第 60 章

治大国，若烹小鲜。以道莅天下，其鬼不神；非其鬼不神，其神不伤人；非其神不伤人，圣人亦不伤人。夫两不相伤，故德交归焉。

第 61 章

大国者下流。天下之交，天下之牝。牝常以静胜牡，以静为下。故大国以下小国，则取小国；小国以下大国，则取大国。故或下以取，或下而取。大国不过欲兼畜人，小国不过欲入事人，夫两者各得所欲，大者宜为下。

第 65 章

古之善为道者，非以明民，将以愚之。民之难治，以其智多。故以智治国，国之贼；不以智治国，国之福。知此两者亦稽式。常知稽式，是谓玄德。玄德深矣，远矣，与物反矣，然后乃至大顺。

第 66 章

江海所以能为百谷王者，以其善下之，故能为百谷王。是以圣人欲上民，必以言下之；欲先民，必以身后之。是以圣人处上而民不重，处前而民不害。是以天下乐推而不厌。以其不争，故天下莫能与之争。

第 72 章

民不畏威，则大威至。无狎其所居，无厌其所生。夫唯不厌，是以不厌。是以圣人自知不自见，自爱不自贵。故去彼取此。

第 74 章

民不畏死，奈何以死惧之！若使民常畏死，而为奇者，吾得执而杀之，孰敢？常有司杀者杀，夫代司杀者杀，是谓代大匠斫。夫代大匠斫者，希有不伤其手矣。

第 75 章

民之饥，以其上食税之多，是以饥。民之难治，以其上之有为，是以难治。民之轻死，以其上求生之厚，是以轻死。夫唯无以生为者，是贤于贵生。

第 78 章

天下莫柔弱于水，而攻坚强者莫之能胜，以其无以易之。弱之胜强，柔之胜刚，天下莫不知，莫能行。是以圣人云：受国之垢，是谓社稷主；受国不祥，是为天下王。正言若反。

第 79 章

和大怨，必有余怨，报怨以德，安可以为善？是以圣人执左契，而不责于人。有德司契，无德司彻。天道无亲，常与善人。

第 80 章

小国寡民，使有什伯之器而不用，使民重死而不远徙。虽有舟舆，无所乘之；虽有甲兵，无所陈之。使人复结绳而用之。甘其食，美其服，安其居，乐其俗。邻国相望，鸡犬之声相闻，民至老死不相往来。

三、修身类

（主要包括圣人的格言、修身的认识及途径等，共26章）

第7章

天长地久。天地所以能长且久者，以其不自生，故能长生。是以圣人后其身而身先，外其身而身存。非以其无私邪！故能成其私。

第8章

上善若水。水善利万物而不争，处众人之所恶，故几于道。居善地，心善渊，与善仁，言善信，正善治，事善能，动善时。夫唯不争，故无尤。

第 9 章

持而盈之，不如其已。揣而锐之，不可长保。金玉满堂，莫之能守。富贵而骄，自遗其咎。功遂身退，天之道。

第 12 章

五色令人目盲，五音令人耳聋，五味令人口爽，驰骋畋猎令人心发狂，难得之货令人行妨。是以圣人为腹不为目，故去彼取此。

第 13 章

宠辱若惊，贵大患若身。何谓宠辱若惊？宠为下，得之若惊，失之若惊，是谓宠辱若惊。何谓贵大患若身？吾所以有大患者，为吾有身，及吾无身，吾有何患！故贵以身为天下，若可寄天下；爱以身为天下，若可托天下。

第 18 章

大道废，有仁义；智慧出，有大伪；六亲不和，有孝慈；国家昏乱，有忠臣。

第 20 章

唯之与阿，相去几何？善之与恶，相去若何？人之所畏，不可不畏。荒兮，其未央哉！众人熙熙，如享太牢，如春登台。我独泊兮，其未兆，如婴儿之未孩。儽儽兮，若无所归。众人皆有余，而我独若遗。我愚人之心也哉！沌沌兮！俗人昭昭，我独昏昏；俗人察察，我独闷闷。澹兮其若海，飂兮若无止。众人皆有以，而我独顽且鄙。我独异于人，而贵食母。

第 22 章

曲则全，枉则直，洼则盈，敝则新，少则得，多则惑。是以圣人抱一，为天下式。不自见故明，不自是故彰，不自伐故有功，不自矜故长。夫唯不争，故天下莫能与之争。古之所谓曲则全者，岂虚言哉！诚全而归之。

第 23 章

希言自然。故飘风不终朝，骤雨不终日。孰为此者？天地。天地尚不能久，而况于人乎？故从事于道者，同于道；德者，同于德；失者，同于失。同于德者，道亦德之；同于失者，道亦失之。信不足焉，有不信焉。

第 24 章

企者不立，跨者不行。自见者不明，自是者不彰，自伐者无功，自矜者不长。其在道也，曰余食赘形。物或恶之，故有道者不处。

第 27 章

善行无辙迹，善言无瑕谪，善数不用筹策，善闭无关楗而不可开，善结无绳约而不可解。是以圣人常善救人，故无弃人；常善救物，故无弃物，是谓袭明。故善人者，不善人之师；不善人者，善人之资。不贵其师，不爱其资，虽智大迷，是谓要妙。

第 28 章

知其雄，守其雌，为天下谿。为天下谿，常德不离，复归于婴儿。知其白，守其黑，为天下式，为天下式，常德不忒，复归于无极。知其荣，守其辱，为天下谷。为天下谷，常德乃足，复归于朴。朴散则为器，圣人用之则为官长。故大制不割。

第 33 章

知人者智，自知者明。胜人者有力，自胜者强。知足者富，强行者有志，不失其所者久，死而不亡者寿。

第 38 章

上德不德，是以有德；下德不失德，是以无德。上德无为而无以为，下德为之而有以为。上仁为之而无以为，上义为之而有以为，上礼为之而莫之应，则攘臂而扔之。故失道而后德，失德而后仁，失仁而后义，失义而后礼。夫礼者，忠信之薄，而乱之首。前识者，道之华，而愚之始。是以大丈夫处其厚，不居其薄；处其实，不居其华。故去彼取此。

第 39 章

昔之得一者，天得一以清，地得一以宁，神得一以灵，谷得一以盈，万物得一以生，侯王得一以为天下正。其致之：天无以清，将恐裂，地无以宁，将恐废，神无以灵，将恐歇，谷无以盈，将恐竭，万物无以生，将恐灭，侯王无以正，将恐蹶。故贵以贱为本，高以下为基。是以侯王自谓孤、寡、不谷。此非以贱为本邪？非乎？故至誉无誉。是故不欲琭琭如玉，而珞珞如石。

第 44 章

名与身孰亲？身与货孰多？得与亡孰病？是故甚爱必大费，多藏必厚亡。故知足不辱，知止不殆，可以长久。

第 45 章

大成若缺，其用不弊。大盈若冲，其用不穷。大直若屈，大巧若拙，大辩若讷。躁胜寒，静胜热。清静为天下正。

第 50 章

出生入死。生之徒十有三；死之徒十有三；人之生生，动之于死地，亦十有三。夫何故？以其生生之厚。盖闻善摄生者，陆行不遇兕虎，入军不被甲兵，兕无所投其角，虎无所措其爪，兵无所容其刃。夫何故？以其无死地。

第 56 章

知者不言，言者不知。塞其兑，闭其门，挫其锐；解其纷，和其光，同其尘，是谓玄同。故不可得而亲，不可得而疏；不可得而利，不可得而害；不可得而贵，不可得而贱。故为天下贵。

第 62 章

道者，万物之奥，善人之宝，不善人之所保。美言可以市尊，美行可以加人。人之不善，何弃之有！故立天子，置三公，虽有拱璧以先驷马，不如坐进此道。古之所以贵此道者何？不曰，求以得，有罪以免邪？故为天下贵。

第 63 章

为无为，事无事，味无味。大小多少，报怨以德。图难于其易，为大于其细。天下难事，必作于易，天下大事，必作于细，是以圣人终不为大，故能成其大。夫轻诺必寡信，多易必多难，是以圣人犹难之，故终无难矣。

第 67 章

天下皆谓我道大，似不肖。夫唯大，故似不肖。若肖，久矣其细也夫！我有三宝，持而保之。一曰慈，二曰俭，三曰不敢为天下先。慈，故能勇；俭，故能广；不敢为天下先，故能成器长。今舍慈且勇，舍俭且广，舍后且先，死矣！夫慈，以战则胜，以守则固，天将救之，以慈卫之。

第 70 章

吾言甚易知，甚易行。天下莫能知，莫能行。言有宗，事有君。夫唯无知，是以不我知。知我者希，则我者贵，是以圣人被褐怀玉。

第 71 章

知不知，尚；不知知，病。圣人不病，以其病病。夫唯病病，是以不病。

第 79 章

和大怨，必有余怨。报怨以德，安可以为善？是以圣人执左契，而不责于人。有德司契，无德司彻。天道无亲，常与善人。

第 81 章

信言不美，美言不信；善者不辩，辩者不善；知者不博，博者不知。圣人不积，既以为人己愈有，既以与人己愈多。天之道，利而不害。圣人之道，为而不争。

四、军事类

（主要包括体现老子军事思想认识及路径办法，共5章）

第30章

以道佐人主者，不以兵强天下，其事好还。师之所处，荆棘生焉。大军之后，必有凶年。善有果而已，不敢以取强。果而勿矜，果而勿伐，果而勿骄，果而不得已，果而勿强。物壮则老，是谓不道，不道早已。

第31章

夫兵者，不祥之器，物或恶之，故有道者不处。君子居则贵左，用兵则贵右。兵者，不祥之器，非君子之器，不得已而用之，恬淡为上。胜而不美，而美之者，是乐杀人。夫乐杀人者，则不可以得志于天下矣。吉事尚左，凶事尚右。偏将军居左，上将军居右。言以丧礼处之。杀人之众，以哀悲泣之，战胜，以丧礼处之。

第 57 章

以正治国，以奇用兵，以无事取天下。吾何以知其然哉？以此。天下多忌讳，而民弥贫；民多利器，国家滋昏；人多伎巧，奇物滋起；法令滋彰，盗贼多有。故圣人云："我无为而民自化，我好静而民自正，我无事而民自富，我无欲而民自朴。"

第 68 章

善为士者，不武；善战者，不怒；善胜敌者，不与；善用人者，为之下。是谓不争之德，是谓用人之力，是谓配天之极。

第 69 章

用兵有言：吾不敢为主而为客，不敢进寸而退尺。是谓行无行，攘无臂，扔无敌，执无兵。祸莫大于轻敌，轻敌几丧吾宝。故抗兵相加，哀者胜矣。

后 记

中世纪结束之后，《道德经》传入欧洲。至今《道德经》是全世界发行量第二多的文献。已经被翻译成70多种文字，传播到120多个国家和地区，社会知晓率很高，民众覆盖面非常广泛。而相对地，我们中国民众对《道德经》知晓率很低，基本上还停留在学者研究层面，这固然有被中国众多经典传统文化文献冲淡的因素，更直接的是对《道德经》宣传导读不够，甚至有的是误读（以为是宗教，甚至是迷信，而被打入冷宫，打入另类），而不能走向广大社会民众。其实，《道德经》中众多的哲学观点、辩证思维、管理方法等可以很好地指导每个人的学习工作，生产生活，是我国古代一部十分重要的社会科学名著。

我在十年前接触《道德经》，一下子就被吸引住了，迷住了。于是不断地研读，不断地发掘，发现《道德经》就是一座丰富的宝藏，取之不尽，用之不竭，而且至今闪耀光芒。由学习研究，我渐渐地从社会生活，工作实践中来体会《道德经》：一方面，感觉到《道德经》实在太伟大了（参看《前言》表述）；但另一方面，又发现《道德经》的知晓率覆盖面太低了。为此，我很困惑，是什么原因，导致社会大众没有接触到甚至运用《道德经》呢？除了上面所说中华传统典籍众多的原因外，觉得全社会对《道德经》的宣传导读不够，这是非常重要的原因。不是因为《道德经》没有吸引力，是大家不知道。再看现在众多《道德经》的读物，普遍的缺点是以学术研究为主，以传播引导为辅。于是译文深奥难懂，有的带有明显的政治立场，有的译文反而不如老子的语言。这些都不与老子的本意相通（老子在第 70 章说：吾言甚易知，甚易行，天下莫能知，莫能行），这样的译解很是让普通民众难以接受。有鉴于此，我萌发了出版一册让社会民众普遍能够接受能够读懂的《道德经》简明译本、通俗译本的想法。于是我在平时的研读中把自己的心得体会、研究结果加以汇总，加以梳理修改，在实际工作实践过程中，有意无意地宣传《道德经》的精彩篇章，引起了很多民众的兴趣，这样也更加坚定了我的信心和底气。经过一段时间的整理研究，我将我的成果请教一些学者、领导和部分社会民众，也得到了他们的认可，于是本着响应党的二十大提出的“弘扬中华传统文化”的指示精神，决定结集出版。

我的《道德经译解》，可以说是十年磨一剑。出于对老子的尊重，对学术研究的尊重，对国学文化的敬仰，以及对读者负责任的态度，进行了深入系统的研究，广泛研读了自先秦两汉一直到现当代有代表性权威性的众多《道德经》译本，并延伸学习佛学、道学、儒家经典以及马列主义哲学等相关文献知识，请教相关学者。然后结合自己的研究心得，汇编成稿，在此基础上九易其稿。在这过程中，得到了众多学者、领导、同事和朋友们的热情帮助，他们有的指正我的错误，有的协同研究，有的帮助校对，有的多方协助……为此我铭记于心，一并致谢。

本人学识浅陋，本书还有待各方检验。而其中错讹、错译更是难免。常为此惴惴不安，恐负众望！在此敬请广大读者不吝赐教，批评指正。也真诚欢迎《道德经》爱好者加强联系互动，我们可以共同对《道德经》进行深入地学习交流，研究探讨。

作 者

2023 年 9 月